W0300580

Werner und Susanne Schwanfelder

MIT DEM WOHNMOBIL DURCH OSTDEUTSCHLAND

MECKLENBURG-VORPOMMERN UND DAS NÖRDLICHE BRANDENBURG

FENDT
DON AK 611

Drive & Camp Träume

Werner und Susanne
Schwanfelder

Mit dem Wohnmobil durch Ostdeutschland

Mecklenburg-Vorpommern und das nördliche Brandenburg

Drei Brunnen Verlag · Stuttgart

Einband und Layout:
Jürgen Reichert
Karten: Bernd Matthes
Fotos: Werner Schwanfelder

Die Deutsche Bibliothek –
CIP-Einheitsaufnahme

Schwanfelder, Werner:
Mit dem Wohnmobil
durch Ostdeutschland /
Werner und Susanne Schwanfelder. –
Stuttgart : Drei Brunnen-Verl.,
(Drive- & Camp-Träume)
NE: Schwanfelder, Susanne:
Mecklenburg-Vorpommern und das
nördliche Brandenburg. 1. Aufl. – 1994
ISBN 3-7956-0232-7

ISBN 3-7956-0232-7

1. Auflage 1994

Alle Rechte dieser Ausgabe vorbehalten
© 1994 by Drei Brunnen Verlag GmbH & Co.
70191 Stuttgart, Friedhofstr. 11
Satz: Typomedia Satztechnik GmbH,
73760 Ostfildern
Druck: Offsetdruckerei Karl Grammlich,
72124 Pliezhausen
Bindearbeiten: Josef Spinner, 77833 Otters-
weier/Baden

Inhalt

Ostsee
RÜGEN
Kap Arkona
S.76
Hidden-see
Königsstuhl
Saßnitz
Binz
Bergen
Mönchgut
S.70
Fehmarn
Zingst
Ahrenshoop
Wustrow
Barth
Stralsund
Ost-holstein
Warne-münde
Ribnitz-Damgarten
S.44/58
Rerik
Kühlungs-born
Greifs-wald
Wolgast
USEDOM
S.99
Heringsdorf
Ahlbeck
Insel Poel
Rostock
Mecklenburg - Vorpommern
Demmin
S.38
Wismar
Anger-münde
Oderhaff
Lübeck
Güstrow
Ueckermünde
Reuterstadt Stavenhagen
Brüel
Stern-berg
nach Hamburg
Schwerin
S.22
Waren
Neubrandenburg
Pasewalk
S.110
Plau
Müritz
Neu-strelitz
Prenzlau
Ludwigslust
Lychen
Fürstenberg
Schwedt
Pritz-walk
Rheins-berg
S.17
S.116
Nieder-sachsen
Elbe
Witten-berge
Anger-münde
Polen
Kyritz
Neu-ruppin
Havel-berg
Eberswalde-Finow
Oranienburg
Bad Freienwalde
Stendal
Nauen
Maßstab 1 : 1 250 000
0 km 10 20 30 40 50 km
Rathenow
Tangermünde
BERLIN
Brandenburg
Brandenburg
Potsdam

Streckenverlauf

Von Brandenburg durch das Havelland
Brandenburg – Rathenow – Havelberg – Kyritz
km: 105

Durch die Rheinberger Seenlandschaft
Neuruppin – Lindow – Rheinsberg – Wesenberg – Mirow – Wesenberg – Neustrelitz – Feldberg – Lychen – Fürstenberg – Neuglobsow (Stechlin) – Fürstenberg – Neustrelitz – Hohenzieritz – Neubrandenburg
km: 260

Müritzland ist Seenland
Penzlin – Ankershagen – Waren – Groß-Gievitz – Waren – Damerower Werder – Waren – Klink – Röbel – Malchow – Karow – Plau – Karow – Krakow am See
km: 180

Güstrow, Schwerin und Wismar
Güstrow – Groß Raden – Sternberg – Schwerin-Mueß – Schwerin – Dorf Mecklenburg – Wismar
km: 115

Ostseeluft – von Wismar bis Rostock
Insel Poel – Stove – Neubukow – Rerik – Kühlungsborn – Heiligendamm – Bad Doberan – Warnemünde – Rostock
km: 110

Fischland, Darß und Zingst
Ribnitz-Damgarten – Klockenhagen – Ostseeband Dierhagen – Ostseebad Wustrow – Ostseebad Ahrenshoop – Born – Wieck – Ostseebad Prerow – Ostseebad Zingst – Barth
km: 90

Die größte deutsche Insel: Rügen
Stralsund – Altefähr – Bergen – Ralswiek – Bergen – Schaprode – Hiddensee (Neuendorf, Vitte, Kloster) – Kap Arkona – Königsstuhl – Saßnitz – Prora – Ostseebad Binz – Ostseebad Göhren – Halbinsel Mönchgut – Putbus – Garz – Stralsund
km: 255

Usedom – zwischen Greifswald und Anklam
Greifswald – Lubmin – Freest – Wolgast – Peenemünde – Zinnowitz – Koserow – Seebad Bansin – Seebad Heringsdorf – Seebad Ahlbeck – Usedom – Anklam
km: 190

Von der Ueckermünder Heide bis zum Oderbruch
Ueckermünde – Pasewalk – Prenzlau – Angermünde – Chorin – Eberswalde-Finow – Niederfinow
km: 180

Um Berlin herum
Wandlitz – Oranienburg – Nauen – Ribbeck
km: 110

Die Wiege Preußens
Nauen – Potsdam – Caputh – Werder – Brandenburg
km: 70

km (gesamt): 1665

Einige Worte zu diesem Buch

Vieles liegt in der „Wende" begründet – auch dieses Buch. Die Wende glich einem Paukenschlag. Er kam unerwartet. Der Nachhall klingt uns noch heute in den Ohren.
Wir waren Zeugen eines außergewöhnlichen geschichtlichen Ereignisses – und wir wurden in eine neue Zeit hineinkatapultiert; begriffen haben sie die meisten von uns noch nicht so richtig.
Es ist für viele eine Spurensuche, eine Reise in die eigene Vergangenheit. Viele finden in diesen manchmal verblichenen Spuren lange zurückliegende Erlebnisse, verloren geglaubte Freunde wieder; viele sind aber auch traurig und entsetzt über das, was sie sehen.
Andere sind neugierig.
Wir (die Autoren) gehören der Nachkriegsgeneration an. Für uns war die DDR eine Tatsache, wenn auch eine sehr ungeliebte. Über ihre Existenz gab es keine Zweifel. Wir besuchten die alte sozialistische DDR niemals – aus gutem Grund: Wir waren nicht bereit, zwingend Geld zu bezahlen, ohne Gegenwert zu erhalten.
Dann kam plötzlich die Wende. Nun fahren wir nach Ostdeutschland, weil wir neugierig sind. Bewußt und freiwillig (aber zweifelsohne nicht ohne Kritik) zahlen wir manchmal mehr für Leistungen, als sie wert sind (für Übernachtungen zum Beispiel).

Wir sind wißbegierig. Wie viele andere Angehörige der Nachkriegsgeneration kennen wir die gemeinsame Vergangenheit von Ost und West nicht aus eigener Erfahrung. Ostdeutschland ist für uns im wahrsten Sinne eine neue Erfahrung. Wir können uns ohne Vorbehalte mit dieser Region beschäftigen, eben ohne Vergleiche anzustellen.
Ein Trabistrom hat sich nach der Wende über Westdeutschland ergossen. Die Ossis haben ihre Neugierde ausgelebt. Sie haben sich den „Westen" angesehen. Der Trabi wurde zum Symbol für diesen Aufbruch, für diese unbändige Neugierde. 95% aller Ostdeutschen besuchten mindestens ein Mal den Westen, sagen die Statistiker – und das nicht nur wegen des Begrüßungsgeldes, fügen wir vorsichtshalber hinzu.
Die Westdeutschen zeigen da weniger Interesse. Vielfach geht ihnen der Ostrummel auf die Nerven – und außerdem müssen sie, so behaupten sie, dafür bezahlen. Mehr als die Hälfte aller Wessis war noch nie in Ostdeutschland.

Dieses Buch soll Neugierde und Entdeckerfreude wecken.
Es gibt viele Gründe, Ostdeutschland zu besuchen. Einfach aus Neugierde: Schließlich kennen wir Land und Leute noch nicht. Aus Kultur- und Geschichtsinteresse: Schließlich ist Ostdeutschland Kulturland, wurden hier wichtige Kapitel deutscher Geschichte geschrieben. Weil der Beruf es erfordert: Schließlich schicken viele Firmen ihre Mitarbeiter nach Ostdeutschland, verzahnt sich die Wirtschaft in Ost und West. Aus monetärer Neugierde: Schließlich geht kein Weg daran vorbei, daß Westdeutschland zur Kasse gebeten wird. Umverteilung heißt das Stichwort – ein guter Grund also, Ostdeutschland zu besuchen, um zu sehen,

was mit dem umverteilten Geld eigentlich geschieht.
Das vorliegende Buch ist nun kein Geschichtsbuch, kein Buch über die Gesellschaft, kein Reiseführer, kein Buch über Fauna und Flora; jedoch etwas von alledem. Wir wollen Anregungen geben und Hilfestellung leisten, das bekannte fremde Land zu entdecken.

Seit der Wende sind wir beruflich und privat viel in Ostdeutschland unterwegs gewesen. Wir erlebten, daß es Geduld und Zeit bedarf, die „neuen Bundesländer" für sich zu entdecken und Vertrauen in ihre Menschen zu finden. (Das gleiche gilt auch umgekehrt.)
Wir begaben uns auf eine Fahrt durch die eigene Vergangenheit. In Ostdeutschland ist zwar die Zeit nicht stehen geblieben, aber sie ist langsamer abgelaufen. Und daher sind Geräte, Maschinen, Strukturen und Verhaltensmuster erhalten, wie sie auch in Westdeutschland in den 60er Jahren gang und gäbe waren. Viele Fabriken ähneln eher Industriemuseen, viele Gewohnheiten zeugen vom „eingeschlossenen" Leben, viele Vorlieben resultieren aus den alten Lebenszwängen.
Das wird nicht lange so bleiben; die Entwicklung fegt über das Land hinweg. Und wir können nur hoffen, daß nicht alle Vergangenheit unkritisch beiseite geschoben wird. Den Menschen wollen wir den Fortschritt vergönnen und wünschen. Aber sie sollen sich nicht gleich von ihren Schrebergärten abwenden, wo sie sich ein geschütztes Refugium eingrichtet hatten. Sie sollen auch noch eine Zeitlang ihre Wohnzimmerschränke behalten, die an die 60er Jahre erinnern.
Manches war gemütlich; man hatte sich mit den gegebenen Spielregeln arrangiert. Neue Spielregeln haben nun das Land überschwemmt. Wir sprechen von Produktivität, von Markt, von Service und von Streß. Viele haben die Begriffe und ihre Inhalte noch nicht recht verinnerlicht.

Auf der Fahrt durch das Land entdekken wir von Süd nach Nord, von West nach Ost Städte und Dorfensembles, Wunden aus dem Zweiten Weltkrieg, Aufbruch und Hoffnung, aber auch Resignation erkennen wir. Daraus entstand ein bunter Bilderbogen.

Wir wollen uns an Theodor Fontane orientieren, wenn wir in den neuen Bundesländern unterwegs sind. Er hat seine Worte zwar nur auf die Mark Brandenburg bezogen, aber wir beziehen sie getrost – sinngemäß – auf ganz Ostdeutschland:
„Wer in die Mark reisen will, der muß zunächst Liebe zu ‚Land und Leuten' mitbringen, mindestens keine Voreingenommenheit. Er muß den guten Willen haben, das Gute zu finden, anstatt es durch krittliche Vergleiche totzumachen.

Honigverkäufer in Neubrandenburg.

Der Reisende in der Mark (in Ostdeutschland, A.d.V.) muß sich ferner mit einer feineren Art von Natur- und Landschaftssinn ausgerüstet fühlen. Es gibt gröbliche Augen, die gleich einen Gletscher oder Meeresturm verlangen, um befriedigt zu sein. Diese mögen zu Hause bleiben. Es ist mit der märkischen Natur wie mit manchen Frauen. ‚Auch die häßlichste' – sagt das Sprichwort – ‚hat immer noch sieben Schönheiten.' Ganz so ist es mit dem Lande zwischen Oder und Elbe (zwischen Erzgebirge und Rügen, A.d.V.); wenige Punkte sind so arm, daß sie nicht auch ihre sieben Schönheiten hätten. Man muß sie nur zu finden verstehn. Wer das Auge dafür hat, der wag es und reise."

Im Seenland liegt für manchen das Glück auf Surfbrettern.

Brandenburg

Brandenburg ist mit 29059 qkm das größte der neuen Bundesländer. Rund 2,64 Millionen Menschen leben im Kernland des einstigen Preußen. Brandenburg umschließt die Hauptstadt Berlin.
Brandenburg ist agrarwirtschaftlich ausgerichtet, durchsetzt mit einigen Industrieinseln.
Die größte Stadt ist die Landeshauptstadt Potsdam mit 140000 Einwohnern. Weitere wichtige Städte sind: Cottbus (130000 Einwohner), Brandenburg (93000 Einwohner), Frankfurt/Oder (87000 Einwohner), Eisenhüttenstadt (52000 Einwohner); Rathenow (32000 Einwohner), Neuruppin (27000 Einwohner) und Lübbenau (21000 Einwohner).
Das Wappen des Landes Brandenburg, das historische Wappen der Mark Brandenburg, hat einen roten Adler auf weißem Grund.
Informationen erhält man über den Landesfremdenverkehrsverband Brandenburg e.V., Postfach 601012, 14410 Potsdam; Tel.: 0331/22244 o. 25632, Fax: 0331/26683.

Mecklenburg-Vorpommern

Mecklenburg-Vorpommern ist mit 23838 qkm das zweitgrößte der neuen Bundesländer. Nur 80 Menschen je Quadratkilometer leben in dem Bundesland. Es ist also recht dünn besiedelt. Es hat weite Agrarflächen, viele Seen (allein auf der Mecklenburgischen Seenplatte zählt man 650 Seen), die Ostseeküste und die größten deutschen Inseln Rügen und Usedom.
Die wichtigste und größte Stadt ist Rostock (250000 Einwohner), gefolgt von der Landeshauptstadt Schwerin (130000 Einwohner). Weitere wichtige Städte sind: Neubrandenburg (85000 Einwohner), Stralsund (75000 Einwohner), Greifswald (65000 Einwohner) und Wismar (59000 Einwohner).
Im Wappen stehen der gekrönte Stierkopf und der Fabelvogel Greif für die Zusammengehörigkeit der beiden Landesteile.
Informationen erhält man über den Landesfremdenverkehrsverband Mecklenburg-Vorpommern e.V., Platz der Freundschaft 1, 18059 Rostock, Tel.: 0381/448424–26, Fax: 0381/448423.

Einige Gedanken zur ehemaligen DDR

Dies ist kein Buch, das den Staat, die Staatsform und das Gesellschaftssystem der DDR würdigen soll. Dazu gibt es viel Literatur. Wer sich dafür interesssiert, was gerade Westbürgern nur angeraten sei, kann auf viele kompetente Autoren zurückgreifen. Einige Gedanken zu diesem schwierigen Thema müssen doch beigetragen werden; sie sind erlesen, erlebt und viel diskutiert.

Bei von Dohnanyi habe ich den lockeren Ausspruch gelesen, daß es in Deutschland drei geschichtliche Grenzziehungen gab: den Limes, die Reformation und die DDR.
Durch diese „DDR-Grenze“ entstanden zwar keine zwei Staaten oder noch viel weniger zwei Völker, aber zwei Gesellschaften. Diese Tatsache wird lang dauernde Nachwirkungen haben. Überwunden werden kann die Grenze nur durch gegenseitiges Verständnis.

Wir gehören der Nachkriegsgeneration an und haben ein geeintes Deutschland nie erlebt. Wir haben uns niemals eine deutsche Einheit gewünscht, weil sie für uns jenseits der Realität lag.
Als die Einheit plötzlich Wirklichkeit wurde, haben wir sie mit großer Freude begrüßt. Neugierig sind wir in das fremde Land gefahren, um dort mit den Menschen zu sprechen und neue Erfahrungen zu machen. Sollen die zwei Gesellschaften zusammenwachsen, so müssen wir von einander lernen. West muß auf Ost, Ost muß auf West hören. Wir sind davon überzeugt, daß man einander kennenlernen muß. Unseren Beitrag leisten wir auf unterschiedliche Art, etwa im Aufbau von Freundschaften, in beruflichen Kontakten und mit diesem Buch.
Schon 1945, nach dem Ende des Zweiten Weltkriegs trug der Start in die Eigenständigkeit der DDR andere Vorzeichen als der Beginn der BRD. Im Westen sprach man von Wiederaufbau, im Osten prägte man den Begriff Neubeginn. Das ist ein großer Unterschied. Baute der Westen auf die Fundamente auf, die vor der Naziherrschaft geschaffen worden waren, so wollte der Osten einen neuen sozialistischen Staat auf deutschem Boden aufbauen, also eine neue Gesellschaftsform schaffen. Vergesellschaftung der Produktionsmittel hieß das Schlagwort, ein Hoch auf das Volkseigentum. Kritiker, auch aus den eigenen Reihen, waren unerwünscht. Im Westen hatte die Wirtschaft den Vorrang. Die Währungsreform im Westen war in den Ansätzen durchaus ungerecht. Nur Geldvermögen wurde gekürzt, das Realvermögen blieb weitgehend unangetastet. Im Osten wurde Realvermögen enteignet, die Besitzer, Unternehmer, Manager verschreckt. Viele von ihnen setzten sich bald in den Westen ab. Weiterhin wurde die wirtschaftliche Situation durch Reparationsleistungen belastet, die im Osten um ein Vielfaches höher ausfielen als im Westen. Wie kann ein Staat neu erstarken, wenn unbarmherzig die Demontage von Industriebetrieben vorgenommen wird? Der Westen hätte ähn-

liches erleben können, hätte sich der Morgenthau-Plan durchgesetzt: Deutschland, das Land der Bauern. Morgenthau und Stalin hatten mit Deutschland Pläne, die zwar unterschiedlich motiviert, aber in ihrer Auswirkung doch sehr ähnlich gelagert waren. Während sich im Osten Stalin durchsetzte, wurde der Westen durch einen anderen Plan (Marshall-Plan) gefördert. Er begünstigte vielleicht einseitig die Vermögenden, aber er unterstützte den schnellen wirtschaftlichen Aufschwung, schaffte Wohlstand für alle. Der Osten litt unter dem Dogmatismus der Kommunisten, der keinen Spielraum für wirtschaftliches Handeln ließ. Es entstanden monopolistische Staatsbetriebe, flankiert von der Unfehlbarkeit von Partei und Verwaltung. Wie ein lückenloses engmaschiges Netz legte sich die erzwungene Konformität über den Staat.

Die wirtschaftliche Entwicklung im Westen blieb den Regularien des Marktes überlassen. Den Ungerechtigkeiten versuchte man durch flankierende Gesetze zu begegnen. Im Osten hingegen bestimmte die Partei die wirtschaftliche Entwicklung. Sie diktierte bis ins letzte Detail das Wirtschaftsgeschehen. Die Produktqualität litt beträchtlich unter einem geduldigen (und nicht verwöhnten) Inlandsmarkt und von einem dominierenden, uneinsichtigen, von Bürokraten bestimmten sowjetischen Exportmarkt.
Während im Westen die Gestaltung des sozialen Lebens von den Kommunalregierungen, Institutionen und Kirchen getragen wurde, übernahmen dies im Osten die monopolistischen Unternehmen: Sportstätten, Kinderkrippen, Erholungsheime und Kultureinrichtungen gehörten den Betrieben. Sie ersetzten somit das kommunale Angebot.
Jegliche Entwicklung oblag der Partei. Sie nahm für sich das Entscheidungsprimat in Anspruch. Wir wissen, wohin diese Strukturen führten. Die Partei behinderte die Verwaltung, absorbierte sie geradezu. Eine Unterscheidung war nicht mehr möglich. Alle Betriebe kamen in den Kontrollbereich der Partei. An einen Austausch von Ideen oder wirtschaftlichen Wettbewerb war gar nicht zu denken. Ein Status wurde festgeschrieben im Laufe der Zeit; veraltete Produktionsmethoden erfuhren keine Veränderung. Die geforderte Leistungserfüllung war oberstes Ziel; es spielte keine Rolle, ob dies wirtschaftlich sinnvoll war, ob damit ein gutes Ergebnis erzielt wurde oder ob die Arbeitsweise zu Lasten der Natur, Gesundheit und Lebensqualität ging.

Das Bewußtsein von Gemeinsamkeiten spielte in der getrenntenEntwicklung beider deutscher Staaten keine Rolle. Da wäre höchstens die gemeinsame Sprache zu nennen. Diese aber reicht nicht aus als Grundlage für ein „Wir"-Gefühl. Man könnte auch die gemeinsame Vergangenheit anführen. Aber diese trennte wohl eher – gerade wenn man einen Neubeginn will.

Die Westdeutschen entwickelten sich zu Europäern. Sie akzeptierten die Sieger – zähneknirschend, teilweise auch aufbegehrend, und sie befreiten sich aus den Zwängen der nationalsozialistischen Vergangenheit. Sie wurde als verwerflich angesehen und bearbeitet (wir vermeiden das Wort verarbeitet). Die Bundesrepublik entwickelte sich für die Siegermächte zum Partner -gleichberechtigt, leistungsstark.

Die Ostdeutschen waren in der Mehrzahl nie überzeugte „Ostler“, sondern gewaltsam verhinderte Westler. Die Russen kamen als gewalttätige Eroberer, denen deutsche Heere große Schmerzen verursacht, große Wunden geschlagen hatten. Nun stand ihnen der Sinn nach Revanche. Die russische Besatzungsmacht trat nicht als Befreier auf, sondern als schwer verwundeter Sieger. Und sie nahmen sich, was ihnen wertvoll erschien. Die Russen akzeptierten die Ostdeutschen nie als Partner. Bis zuletzt blieben diese eher Erfüllungsgehilfen. Die Sowjets agierten als Unterdrücker. Ihre Methode war die Gleichschaltung der Völker, der Menschen, der Strukturen bis hin zum Essen. (Auch heute noch finden wir vielfach lieblose Einheitsküche.) Viele Demokraten, Widerstandskämpfer im Dritten Reich, Idealisten verließen wieder die DDR. Es war ihre persönliche Tragik: Sie hatten den Neubeginn gesucht und fanden wieder eine Diktatur.

Aus dem Osten sah man sehnsüchtig nach Westen. Der Mensch will Freiheit. Aber eine freiheitliche Lebensweise konnten und wollten die sozialistischen Machthaber nicht gewähren. Sie unterdrückten die menschliche Selbstbestimmung und mit ihr elementare Menschenrechte. Da der Staat und die Partei ohnehin alles „richtig“ entschieden, mußten sich die Bürger keine Gedanken mehr machen. Die einen schickten sich in ihr Schicksal, die anderen lehnten sich dagegen auf. Letztere machten die gleichen Erfahrungen wie die Protestierer im Dritten Reich. Sie verschwanden von der Bildfläche. Jene, die die Regeln anerkannten, fanden zweifelsohne eine gewisse Geborgenheit. Die Partei, der Staat, der Betrieb kümmerten sich um alles. Dies führte zu einem Stillstand. Dieser Stillstand wird heute noch bestens im morschen und morbiden Bild vieler Städte dokumentiert. Keine Eigeninitiative bewahrte Häuser, Straßenzüge, Städte vor dem Verfall. Da sich die Partei nicht darum kümmerte, verkam wertvolle Bausubstanz. In ähnlicher Art wurden Handwerks- und Produktionsbetriebe heruntergewirtschaftet.

Während in der BRD die Gesellschaft durch geführte (nicht immer schmerzlose) Debatten geprägt wurde, charakterisierten die DDR-Gesellschaft unterdrückte Debatten: verbotene Bücher, Filme, ausgebürgerte Bürger, verhaftete Genossen.

Die Ostdeutschen beginnen jetzt mit der Aufarbeitung ihrer Vergangenheit. Erst jetzt werden die Strukturen des Naziregimes selbstkritisch diskutiert. In Ostdeutschland befindet sich die Mehrzahl der ehemaligen Konzentrationslager. Mehr noch, die Ostdeutschen müssen sich auch mit ihrer jüngsten Vergangenheit beschäftigen. Es ist ihnen zu wünschen, diese Epoche aufzuarbeiten, die Erfahrungen nicht nur zu verdrängen und in ihrer eigenen Weise einen Weg zu gehen. Auch hier wäre Gleichmacherei fehl am Platz.

Stellen wir uns die (falsche) Frage, wer gesiegt hat. Ludwig Erhard über Karl Marx vielleicht? Wir können nur feststellen, daß der Markt über den Plan triumphierte. Im Markt werden Mißerfolge sofort (manchmal auch unbarmherzig) quittiert, im Plan dominieren letztendlich Korruption, Parteiarroganz und Stasi-Gewalt. Das heißt selbstverständlich nicht, daß ein ungezügelter Markt immer gut ist, insbesondere,

wenn man die Einzelschicksale betrachtet. Die Menschen in Ostdeutschland haben mit der gewaltlosen Wende den Markt gewählt. Plötzlich war die Einheit da; anders ausgedrückt: sie war eigentlich (gewaltfrei) gar nicht zu verhindern, weil die Zeit reif dafür war.
Als Slogan ist uns lebhaft der Ausspruch in Erinnerung: *„Wenn die DM nicht zu uns kommt, dann gehen wir zu ihr.“* Diese Einstellung war verständlich, aber auch naiv, denn der Markt allein wird die alte DDR nicht gesunden lassen. Er kennt keine Rücksicht; nur der Stärkere hat eine Chance. Es kann auch nicht die Aufgabe des Marktes sein, einen sozialen Ausgleich zu schaffen. Hier ist die Politik gefragt; sie hat das Problem einer sozial gerechten Umverteilung zu lösen. Und wir können noch so sehr darüber diskutieren; sie muß schnellstens und umfassend stattfinden.
Wir sehen, daß viele Ostdeutsche – verständlicherweise – sozialistische Werte verteidigen: Recht auf Arbeit, gemeinnütziges Eigentum, soziale Sicherheit, moralische, humanistische Werte. In schroffem Gegensatz dazu steht die Finanzierbarkeit. Ein Verzicht auf die bislang (durchaus begrüßenswerten) Rechte stellt das eigentliche und schmerzliche Opfer der Ostdeutschen dar. Den offenkundigen Zusammenhang zwischen Wohlstand, Liberalität und kapitalistischen Interessen, der in Westdeutschland mehrheitlich wohl akzeptiert ist, haben die Ostdeutschen noch nicht verinnerlicht. Der Lernprozess wird nicht ohne Konflikte ablaufen. Aber: Je mehr Ost von West und West von Ost weiß, desto besser werden die Teile des Staates und des Volkes zusammenwachsen und eine Gesellschaft werden.

Atlas trägt die Weltkugel: Potsdam war einst Mittelpunkt der preußischen Welt.

Mit dem Wohnmobil durch Ostdeutschland

Allgemein bekannt ist, daß die ostdeutsche Infrastruktur noch nicht so ausgeprägt ist wie in westeuropäischen Ländern. Unabhängigkeit lernt man daher schnell zu schätzen. Unabhängigkeit und Freiheit bietet das Wohnmobil. In allen Städten (Ost und West) können gut ausgestattete Camper und Motorhomes gemietet werden. (Camper haben 2 bis 3 Betten, Motorhomes 4 bis 6 Betten.)

Die Preise sind abhängig von Reisedauer, Jahreszeit und Art des Fahrzeugs. Sie liegen pro Tag bei DM 140 bis DM 200. Sonderangebote gibt es, wenn man einen Camper länger als einen Monat bucht. Man ist gut beraten, insbesondere in der Hauptsaison (Sommerferien), rechtzeitig einen Camper zu reservieren.

Camper und Motorhomes sind komfortabel ausgestattet, wobei die Camper aus Platzgründen meistens keine Toilette haben, die Motorhomes dagegen über eine separate Toiletten- und Duscheinheit verfügen. Kühlschrank, Spüle, Gasherd und Grill, Kleiderschrank, Frisch- und Abwassertank sind selbstverständlich.

Bei der Übernahme wird das Fahrzeug mit seiner Einrichtung ausführlich erklärt. Hat man die eine oder andere Einzelheit vergessen, so kann man diese aber noch später in den Fahrzeugunterlagen nachlesen. In einem Protokoll werden alle bestehenden Schäden (Kratzer und Schrammen) des Fahr-

Das Wohnmobil ist das ideale Fahrzeug, um das Land zu entdecken.

Idylle: Kleingartensiedlungen und Campingplätze waren das private Refugium in der ehemaligen DDR.

zeugs aufgenommen, so daß man Gewähr hat, auch nur für die selbst verursachten Schäden gerade stehen zu müssen. Man sollte darauf achten, daß die Reifen (und der Ersatzreifen) in gutem Zustand sind. Weiterhin sollte die Gasflasche gefüllt und ausreichend Sanitärflüssigkeit für die Toilette vorhanden sein.

Für die Übernahme des Fahrzeugs muß man zwei Stunden Zeit einplanen.

Die Mietkosten werden vor Fahrzeugübernahme im voraus an den Vermieter gezahlt. Beim Vermieter muß noch eine Kaution in Höhe des Selbstbehalts der Vollkaskoversicherung (Euroschecks) hinterlegt werden. Sie wird zurückerstattet, sofern die Mietkonditionen eingehalten wurden.

Der Mietpreis ist im allgemeinen ein Tagespreis. Enthalten ist die vertragsgemäße Nutzung des Fahrzeugs, begrenzte oder unbegrenzte Freikilometer, Steuern, Versicherung und die Fahrzeugausstattung.

Nach Beendigung der vereinbarten Mietdauer gibt man das Fahrzeug wieder beim Vermieter ab. Der Camper ist im allgemeinen „besenrein" zu übergeben; für einen Betrag von DM 100 bis DM 150 übernimmt auch der Vermieter die Endreinigung. Das Fahrzeug wird auf Schäden hin untersucht; ein verursachter Schaden wird mit dem hinterlegten Betrag verrechnet, der Rest der Kaution ausgehändigt. Auch für die Abgabe des Fahrzeugs sollte man mindestens zwei Stunden rechnen.

Das Campingleben in Ostdeutschland wird immer populärer. In der ostdeutschen Gesellschaft hatte die Schrebergartenkultur einen hohen Stellenwert. Auf vielen Campingplätzen gammeln daher auch Caravans als quasi-mobile Gefährte vor sich hin und belegen Stellfläche. Für durchreisende Touristen bleiben oftmals nur noch wenige Plätze frei. Insgesamt gesehen gibt es in Ostdeutschland viel zu wenig Campingplätze. Diese sind in der Hauptreisezeit (Ferien) auch meistens ausgebucht. Die Campingplätze befinden sich in der Nähe der Hauptsehenswürdigkeiten sowie in den landschaftlich attraktivsten Regionen. Die Besichtigung der Städte hingegen ist von Campingplätzen aus etwas umständlich, da die meisten Plätze in den Stadtrandgebieten liegen und nicht immer an das öffentliche Nahverkehrsnetz angeschlossen sind. Viele Städte verfügen nicht über einen Campingplatz. Die Ausstattung ist von Platz zu Platz unterschiedlich, jedoch meistens ungenügend. Ein Problem stellt die Entsorgung von Chemikaltoiletten dar. Viele Campingplätze sind darauf nicht eingerichtet. Die Platzgebühren betragen für zwei Personen am Tag zwischen DM 10 und DM 30. Das Preis-/Leistungsverhältnis ist fast immer nicht angemessen. Glücklicherweise ist man mit dem Camper mobil, so daß man auch auf einem Parkplatz übernachten kann.

Von Brandenburg durch das Havelland

Wir beginnen die Fahrt durch das nördliche Brandenburg und Mecklenburg-Vorpommern in der Stadt, die dem Land Brandenburg den Namen gegeben hat.

Bereits in der Steinzeit lebten in der Region einst Menschen. Die erste urkundliche Erwähnung stammt aus dem Jahr 948, worauf man stolz ist, denn die Jahreszahl beweist, daß Brandenburg älter ist als Potsdam. Vom 12. bis 15. Jahrhundert galt Brandenburg unangefochten als die wichtigste Stadt der Mark. Im 15. Jahrhundert noch traten die Stadträte dem Hansebund bei, zu einem Zeitpunkt, als der Zenit der Blütezeit bereits erreicht war. Berlin und Potsdam drängten Brandenburg in den Schatten einer Provinzstadt. Das wirkt bis heute nach. Kann der Besucher den Aufschwung in Potsdam bereits deutlich erkennen, schockieren in Brandenburg immer noch die grauen zerfallenen Häuserfassaden. Der einstige Reichtum und die Vielfalt gerühmter historischer Bausubstanz wirken reichlich heruntergekommen.

Historisch bedingt hat die Stadt drei Zentren, Altstadt, Dominsel und Neustadt.
Die Hauptstraße wurde in eine Fußgängerzone verwandelt. Sie führt von der Neustadt zur Altstadt. Einzig in ihr ist ein gewisser Aufbruch zu spüren. Die Brandenburger flanieren in ihr, wenn sie der Tristesse der Stadt entfliehen wollen.
In der Neustadt dominiert die Kirche St. Katharinen, eine dreischiffe, gotische Hallenkirche (1395 bis 1401), die gerade renoviert wird. Die Kirche und der hinter ihr gelegene durchaus idyllische Platz soll einmal Mittelpunkt der Neustadt werden.
Über die Havel führt die Jahrtausendbrücke, gleichzeitig die Verbindung zwischen Neustadt und Altstadt. Eine frühere Brücke trug den Namen Lange Brücke. Anläßlich der 1000-Jahr-Feier übergab man eine neue Brücke dem Verkehr und bestrafte sie mit dem nicht sehr fantasievollen Namen.

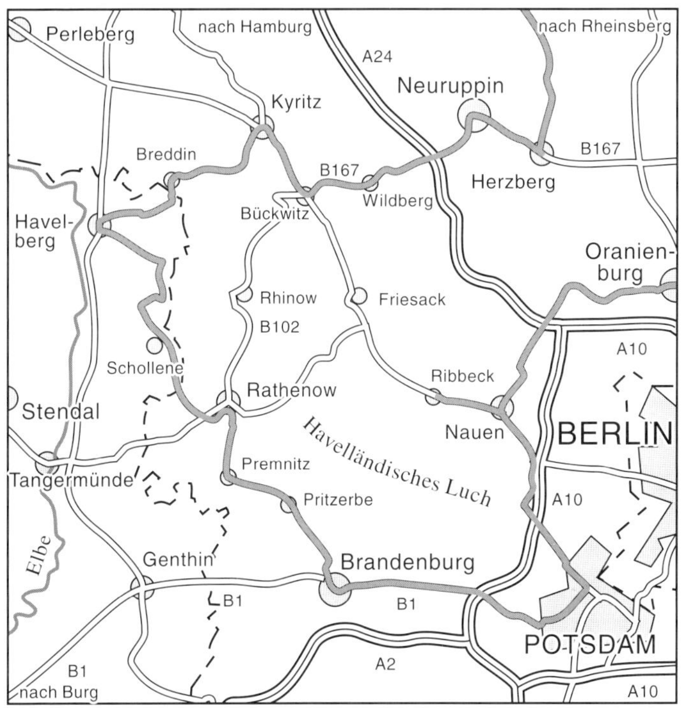

Flach ist das Land an der Havel.

Lastkahn auf der Havel.

Angeln gehört zum Selbstverständnis des Landes.

Wichtigster Bau in der Altstadt ist zweifelsohne das Rathaus, eine spätgotische Anlage (1450). Die Backsteingotik des Giebels macht den schlichten Reiz des Baus aus. Neben dem Portal rechts steht der Brandenburger Roland (1474). Er symbolisiert die städtischen Freiheiten und Rechte.

Sehenswerteste Kirche der Altstadt ist die St.-Gotthardt-Kirche, bereits in der Zeit der Romanik erbaut, später vielfach verändert. Im Inneren fällt uns die 1624 aus Sandstein gefertigte Kanzel auf. Gegenüber der Kirche steht das älteste Schulhaus Brandenburgs aus dem Jahr 1552.
Vom 14. bis 16. Jahrhundert umgab die Stadt vollständig eine Stadtmauer. Heute sind nur Reste davon übriggeblieben. Der markanteste Turm ist der Rathenower Stadtturm aus dem 15. Jahrhundert.

Von der Neustadt führt der Mühlendamm zur Dominsel. Eigentlich erwarten wir nicht sonderlich viel. Der Dom selbst liegt unscheinbar hinter Häusern versteckt. Erst wenn man den Domhof betritt, nimmt man seine Ausmaße richtig wahr. Der Dom St. Peter und Paul wurde 1165 als romanische Krypta begonnen und später zur Pfeilerbasilika erweitert. 1377 wurde die Kirche im gotischen Stil umgearbeitet. Erst 1836 vollendeten die Baumeister die Türme nach Entwürfen von Schinkel.
Wirkt Brandenburg etwas chaotisch, ist der Verkehr, der über die Dominsel fließt, reichlich lärmend und stinkend, entpuppt sich der Dom als eine Insel der Ruhe. Gotische Großzügigkeit umgibt uns. Die Orgel ertönt, laut und einfühlsam füllt sie mit ihren Klängen das Kirchenschiff. Die Orgel wurde 1723 von Preußens bedeutendstem Orgelbauer Joachim Wagner geschaffen. Sie gehört zu den wenigen unverändert gebliebenen Wagnerorgeln.
Eine besondere Kostbarkeit ist, neben so mancher anderen Sehenswürdigkeit, der geschnitzte Böhmische Altar, um 1380 von bömischen Künstlern geschaffen.

DIANA

Havelland: Rathenow und Havelberg

Wir fahren nun an der Havel entlang. Wiesen und Felder begleiten uns. Ab und zu sehen wir Baumgruppen. Kann man sich heute noch vorstellen, daß an der Havel einst Wein wuchs, daß dies eine blühende Weinbauregion war? Bereits im 16. Jahrhundert setzten Schädlinge dem Wein zu, ließen die Sprößlinge eingehen. Und die Bauern faßten nicht mehr den Mut, erneut Weinreben zu pflanzen. Sie spezialisierten sich von nun an auf den Obstbau.

„Rathenau ist eine der mittelmärkischen Städte des Havelländischen Krayses, wird lateinisch genennet Territorium Obulz, daher zu schließen, daß es eine der ältesten Städte sein müsse ...“, so steht es in einer alten Chronik. Man kann wohl davon ausgehen, daß Rathenow sehr alt ist. Der günstige Havelübergang wurde wohl schon lange Zeit von der slawischen Bevölkerung genutzt. Seit Beginn des 13. Jahrhunderts entstand eine deutsche Stadt, die bereits 1288 das Stadtrecht erhielt. Heute nennt man Rathenow „die Stadt der Optik“, da ein gewisser Johann Heinrich August Duncker, von Ausbildung eigentlich Theologe, sich die Optik zum Hobby erkoren hatte. Er baute ein Fernrohr, ein Mikroskop und konstruierte Maschinen zum Linsenschleifen. Als Theologe verdiente er nicht gerade viel und er war gezwungen, nach einem Zubrot zu suchen. Er verfiel nicht, wie viele seiner Amtsbrüder, darauf, Privatunterricht zu erteilen, sondern er stellte auf seinem Dachboden Brillen her. Um einwandfreie Brillen herstellen zu können, hatte er eine Vielschleifmaschine entwickelt. Die Brillen fanden reißenden Absatz und er stellte die ersten Gehilfen ein. Aus einem Hobby wurde ein wichtiger Industriezweig.
Auf dem Dunckerplatz vor dem Hauptbahnhof hat man dem tüchtigen Optiker-Theologen ein Denkmal aufgestellt.

Wir fahren an der langsam dahinfließenden Havel entlang, allerdings sehen wir sie von der Straße aus kaum. Fruchtbare Wiesen und Felder liegen dazwischen. Weite Sonnenblumenfelder geben der Landschaft ihre ganz besondere Leuchtkraft.
Die Straßen sind schlecht, wir müssen langsam fahren. Aber so erleben wir das Land in seiner ganzen Schönheit.

In Garz entdecken wir eine achteckige Fachwerkkirche und ein Storchennest. Die Menschen wundern sich, als wir mit dem Camper durch ihren ruhigen Ort fahren.

Bald erreichen wir Havelberg. Seine Geschichte beginnt eher nüchtern: Im frühen 10. Jahrhundert entstand zur Sicherung des Havelübergangs eine Burganlage auf einer strategisch vorteilhaft gelegenen Insel in der Havel. Schnell entstand darum herum ein kleiner Ort, der im 12. Jahrhundert zur Stadt erhoben wurde.
Wir meinen, die mittelalterliche Atmosphäre heute noch nacherleben zu können. Die eigentliche Altstadt von Havelberg ist die Stadtinsel mit nicht mehr als 250 Häusern. Vom Domberg können wir die Stadtanlage am besten bewundern. Deshalb beginnen wir dort auch mit unserer Besichtigung. Dort steht die mächtige, ursprünglich romanische Domkirche St. Marien, ein denkmalgeschütztes Ensemble. Sehenswert sind die Glasmalereien aus dem 15. Jahrhundert, die Chor-

schranke, das Chorgestühl, die Orgel, um nur einige der Kostbarkeiten zu nennen. Von dort überblicken wir die Altstadt und das weite Havelland.
Durch die Altstadt auf der Stadtinsel spazieren wir anschließend in aller Ruhe. An der Havel stehen die Angler und hoffen auf einen guten Fang. Vor den Bürgerhäusern (teilweise aus der Barockzeit und dem Klassizismus) tollen die Kinder. Entspannte Ruhe herrscht im Ort; wir fühlen uns sonntäglich, auch wenn gerade nur ein Werktag zu Ende geht. Die Stadtpfarrkirche St. Laurentius empfängt uns im Kirchenvorraum mit angenehmer Kühle und läßt uns für einen Augenblick die Sommerhitze vergessen.

Kyritz, eine vergessene Hansestadt
Von einer Hansestadt Kyritz, einem Ort mit gut erhaltenen mittelalterlichen Maueranlagen, haben wir vorher noch nie gehört oder gelesen.
Bereits im 6. Jahrhundert siedelten sich die Germanen an; im 11. Jahrhundert entstand eine erste Burganlage, im 12. Jahrhundert ist eine größere Ansiedlung überliefert, die schließlich bereits 1237 das Stadtrecht erhielt und später in den Städteverbund der Hanse aufgenommen wurde. Die Bürger besaßen offensichtlich eine weitgehende Autonomie beim Aufbau ihrer Stadt. Die mit reichem Schnitzwerk versehenen Fachwerk- und Giebelhäuser künden noch von dieser wohlhabenden Zeit.

Sehenswerte Zeitzeugen sind die Pfarrkirche St. Marien, ein Backsteinbau mit hohem Feldsteinsockel und das Rathaus, ebenfalls ein Backsteinbau mit einem Uhrturm, das in Kastellform gebaut ist. An der Stadtmauer (An der Mauer) befindet sich ein halbrundes Wiekhaus. Später geriet Kyritz weitgehend in Vergessenheit. So ist es bis heute geblieben.

AUSKUNFT
Brandenburg-Information, Hauptstr. 51, 14776 Brandenburg an der Havel; Tel. und Fax: 03381/223743.

ÜBERNACHTEN
Brandenburg
In der Umgebung von Brandenburg gibt es eine Reihe von Campingplätzen. Der am nächsten gelegene Campingplatz heißt „Malge“ und befindet sich am Südufer des Breitlingsees.
Nördlich von Brandenburg (auf unserer Fahrstrecke) befindet sich bei Pritzerbe der Campingplatz „An der Unterhavel“.
Wusterhausen
Hier liegt der Campingplatz „am Klepowsee“. Er ist aber fast ausschließlich von Dauercampern belegt.

PARKEN
Brandenburg
In der Neustadt gibt es am Anfang der Fußgängerzone einen Großparkplatz. Dies ist der beste Ausgangspunkt für eine Besichtigung.
Havelberg
Parken ist nicht ganz einfach. Die besten Chancen hat man wohl am Havelufer: rechts und links nach der Überquerung der Brücke.

HIGHLIGHTS
Brandenburg
* Altstadt mit Rathaus, Roland und St.-Gotthardt-Kirche
* Dominsel mit Dom St. Peter und Paul
* Neustadt mit St. Katharinen und Fußgängerzone
* Stadtbefestigung mit Rathenower Turm

Havelberg
* Domberg und Dom
* Stadtinsel und Stadtpfarrkirche

Durch die Rheinsberger Seenlandschaft

Tor zur Rheinsberger Seenlandschaft ist Neuruppin. Der Name klingt vertraut. Vielleicht erinnert sich der eine oder andere an Otto Reutter. Er bezeichnete sich als Vortragskünstler. 1870 wurde er in Gardelegen geboren, 1931 verstarb er in Düsseldorf. In seiner Blütezeit trat er in Berlin auf und gastierte unter anderem im Berliner Wintergarten. Hier trug er seine Couplets vor, die alle geprägt waren von Berliner Witz, treffender Satire und seiner humoristischen Lebensweisheit.

Als wir in der Karl-Marx-Straße parken, nehmen wir zur Kenntnis, daß noch immer keine Namen geändert worden sind. In der Provinz gehen die Uhren vermutlich etwas langsamer. Die Karl-Marx-Straße ist die Hauptstraße, die Einkaufsstraße. Hier finden wir auch die Löwenapotheke, in der am 30. Dezember 1819 Theodor Fontane geboren wurde. Fontane zog hinaus in die Welt, aber seine Verbindung zu dem Ort ist nie abgerissen. Das Denkmal vor den Stadtmauern an der Franz-Künstler-Straße zeigt ihn recht treffend als Wanderer durch die Mark Brandenburg.

„Ruppin hat eine schöne Lage“, schrieb Fontane. *„See, Gärten und der sogenannte Wall schließen es ein. Nach dem großen Feuer, das nur zwei Stückchen am Ost- und Westrande übrigließ (als wären von einem runden Brote die beiden Kanten übriggeblieben), wurde die Stadt in einer Art Residenzstil wieder aufgebaut. Lange, breite Straßen durchschneiden sie, nur unterbrochen durch stattliche Plätze . . .“*

Anfang des 13. Jahrhunderts entstand wohl der ursprüngliche Ort, 1256 erhielt die Siedlung das Stendaler Stadtrecht. Ab 1291 hieß sie Neuruppin und war die Hauptstadt des Ruppiner Landes. Die Bürger bauten ihre Stadt mächtig und zielstrebig aus. Ihr Wohlergehen drückte sich in ihrer ganzen Stadtanlage aus. 1688 zogen in die Stadt die „Preußen“ ein. Sie machten Neuruppin zu einer Garnisonsstadt. Seit 1732 befehligte kein geringerer als der Kronprinz Friedrich, der spätere

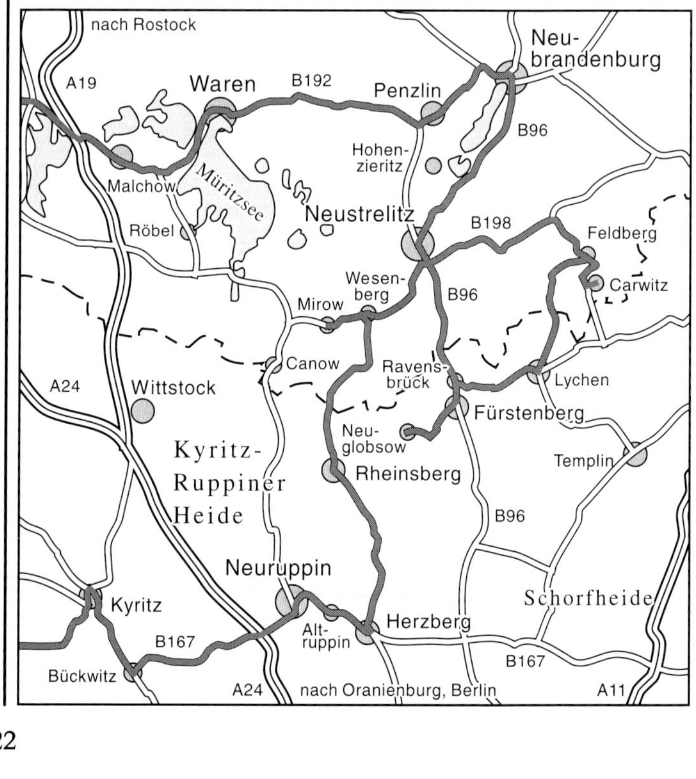

Alte Fritz das Regiment. Das war damals keine gute Zeit für den Kronprinzen. Er hatte eben aus dem Herrschaftsbereich seines Vaters fliehen wollen, war entdeckt und in der Festung Küstrin inhaftiert worden. Dort hatte er der Hinrichtung seines Freundes Katte beiwohnen müssen. Schließlich unterwarf er sich dem Willen seines Vaters, beugte sich blindlings der väterlichen Autorität. In Neuruppin übte er sich in dieser Zucht.

1787 brach aus ungeklärten Umständen ein verheerender Brand aus, der weite Teile der Stadt verwüstete. Hunderte von Häusern, ganze Straßenzüge, zahlreiche öffentliche Gebäude und die alte gotische Marienkirche fielen dem Brand zum Opfer. Als die Flammen erloschen und der Schutt beiseite geräumt war, baute man erneut auf: Planvoll entstand eine neue Stadt. Sie erhielt ihr heutiges klassizistisches Gepräge.

Wir kommen zum Kirchplatz. Hier fällt die Pfarrkirche St. Marien auf, 1801 bis 1804 als klassizistischer Neubau erstellt. Es ist ein quer ausgerichteter zweigeschossiger Emporensaal mit turmartigem Mittelbau. Leider kann die sehenswerte Kirche nicht besichtigt werden; die Baupolizei hat das Gebäude gesperrt.
Auf dem Kirchplatz finden wir das Denkmal des Architekten Karl Friedrich Schinkel. Dazu muß man sagen, daß es in Neuruppin kein Bauwerk des Meisters gibt. Am Haus Nr. 8 in der Fischbänkenstraße erinnert eine Tafel an Schinkel: „In diesem Haus verlebte Karl Friedrich Schinkel seine Jugendzeit.“

Im Stadt- und Schloßpark von Neustrelitz ist nur noch die Orangerie erhalten.

Meister des Klassizismus: Karl Friedrich Schinkel

Fontane: „Unter allen bedeutenden Männern, die Ruppin, Stadt wie Grafschaft, hervorgebracht, ist Karl Friedrich Schinkel der bedeutendste. Der ‚alte Zieten' übertrifft ihn freilich an Popularität, aber die Popularität eines Mannes ist nicht immer ein Kriterium für seine Bedeutung. Diese resultiert vielmehr aus seiner reformatorischen Macht, aus dem Einfluß, den sein Leben für die Gesamtheit gewonnen hat, und diesen Maßstab angelegt, kann der ‚Vater unsrer Husaren' neben dem ‚Schöpfer unsrer Baukunst' nicht bestehn."

Karl Friedrich Schinkel wurde am 13. März 1781 in Neuruppin geboren. Über die Jugendjahre, die er in Neuruppin verbrachte, weiß man eigentlich nicht viel. Fontane berichtet, daß der Vater bald verstarb und die Mutter nach dem großen Brand in das Predigerwitwenhaus zog. In der Schule war der Knabe nicht gerade gut. Theaterspielen und Malübungen beschäftigten ihn mehr als die Mathematik. Mit 14 Jahren zog er mit seiner Mutter nach Berlin. Mit Neuruppin blieb er jedoch verbunden, besonders aber mit dem Ort Kränzlin, wo seine Schwester lebte. 1803 reiste er nach Italien, um die römische Architektur zu studieren. Nach seiner Rückkehr wurde er in Berlin von der Oberbaudeputation (Prüfung aller Hochbauvorhaben in Preußen, Begründung der Denkmalpflege) eingestellt. Schinkel prägte wie kein anderer Architekt den klassizistischen Stil durch streng gegliederte griechisch-antike Formen. Er versuchte, Schönheit und Zweckmäßigkeit zu vereinen. Auf unserer Fahrt werden wir immer wieder den Bauten von Schinkel begegnen.

Auf unserem Spaziergang durch die Stadt kommen wir an der Siechenhauskapelle (Siechenstraße) vorbei, einem einschiffigen spätgotischen Backsteinbau von 1491. Sehenswert ist ein mit Formziegeln reich verziertes Portal. Hinter der Kirche steht ein Fachwerkhaus, das seit dem Stadtbrand von 1787 das älteste Haus von Neuruppin ist. Dem einst eingeschossigen Haus wurde ein Obergeschoß aufgesetzt. Daher nennt man es auch „Ups-Hus".

Nicht weit entfernt ist die doppeltürmige Kirche St. Trinitatis. Sie geht zurück auf ein Mönchskloster der Dominikaner (1246). Man sieht heute noch Spuren der romanischen Vorgängerkirche, doch vielfach sind die anzutreffenden Stile. Besonders eigenwillig wirkt das Anfang des 20. Jahrhunderts erbaute Turmpaar. Die Kirchen der Dominikaner hatten grundsätzlich nur einen Dachreiter und keinen Turm, so auch in Neuruppin, bis man sich bei der Restaurierung und Erneuerung über diese Gewohnheiten hinwegsetzte.

Die Türme kann man besteigen, was wir sehr empfehlen. Wir genießen den schönen Blick über die Stadt und den Ruppiner See.

Ausflugsboote legen gleich in der Nähe der Kirche ab und laden den Besucher ein, auf Bootsplanken die Rheinsberger Seenlandschaft zu entdecken.

Die Stadtmauer ist noch recht gut erhalten: Teil der Stadtmauer im Westen ist der Tempelgarten, ein von Georg Wenzeslaus von Knobelsdorff für Kronprinz Friedrich errichteter Garten. Fontane: *„Es lockt uns aus dem Dunkel ins Helle, die Parkpforte steht weit auf, und an der sonnigsten Stelle Platz nehmend, saug ich das Licht ein, um das Frösteln loszuwerden, das mich auf der schattigen Wallpromenade beschli-*

chen." Heute fehlt die Ruhe weitgehend. Neben dem Wall und dem Tempelgarten pulsiert der Autoverkehr.

Vor dem Garten befindet sich das Heimatmuseum. Neben Heimat- und Landeskunde widmet es einige Räume den berühmtesten Söhnen der Stadt Schinkel und Fontane. Als einmalige Besonderheit im Heimatmuseum ist der Neuruppiner Bilderbogen zu sehen. Es sind kolorierte Blätter mit witzigen und auch ergreifenden Illustrationen politischer, historischer und aktueller Ereignisse. Zu Recht kann man sie wohl als Vorläufer der heutigen Illustrierten bezeichnen. *„Lange bevor die erste illustrierte Zeitung in die Welt ging, illustrierte der Kühnsche Bilderbogen die Tagesgeschichte"*, schreibt Fontane. *„Und was die Hauptsache war, diese Illustration hinkte nicht langsam nach, sondern folgte den Ereignissen auf dem Fuße ..."* Die Bilderbogen wurden im 19. Jahrhundert in Millionenauflage gedruckt und verkauft. Die Zeichnungen sind trefflich kommentiert.

Zum Beispiel: *Hans Immerdurst*
Was gleicht dir, edler Gerstensaft?
Wo ist der Trank, der solche Kraft
Dem Manne könnte geben?
Drum trinkt, wie hier Hans Immerdurst,
Ein Dutzend Maß zu Brod und Wurst,
Und lernt von ihm froh leben.
Zum Beispiel: *Frau Immerdurst, geborene Kaffeelieb*
Was gleicht dir, edler Bohnensaft?
Was ist ein Trank, der solche Kraft
Den Menschen könnte geben?
Trinkt gleich mein Mann, Hans Immerdurst,
Zwölf Kannen Bier zu Brod und Wurst,
Der Kaffee bleibt mein Leben.

Er machte das Land bekannt: Theodor Fontane

Theodor Fontane wurde am 30. Dezember 1819 in der Löwenapotheke zu Neuruppin geboren. Eine Gedenktafel erinnert daran. 1826 mußte sein Vater die Apotheke verkaufen und die Familie zog nach Swinemünde (Usedom – Pommern) in die Adlerapotheke. 1832 kam Theodor Fontane wieder nach Neuruppin und besuchte das Gymnasium. Doch schon ein Jahr später schickte ihn sein Vater nach Berlin auf die Gewerbeschule. Er lernte Apotheker, lebte in Burg, Leipzig, Dresden und betätigte sich schließlich als Apotheker in Berlin. 1849 gab er den doch recht ungeliebten Apothekerberuf auf und widmete sich der Schriftstellerei. Er arbeitete im literarischen Büro der Regierung, ging als Berichterstatter für die „Preußische Zeitung" nach London. In den Kriegen war er Kriegsberichterstatter, wurde in Frankreich als „Spion" festgenommen und kam erst nach einer Intervention Bismarcks wieder frei. Er war Theaterkritiker für die „Vossische Zeitung" und setzte sich insbesondere für Hauptmann und Ibsen ein. Er selbst war Balladendichter und Erzähler. Mit seinen „Wanderungen durch die Mark" begründete er seinen Ruf. Er verband Schilderungen von Menschen und Landschaften mit Geschichte und Volkskunde. Erst mit 60 Jahren schrieb er seinen ersten Roman; er bearbeitete historische Stoffe und später realistische Gesellschaftsromane. 1898 starb er in Berlin.

Was bitte ist die Neuruppiner Schweiz?

Hinter Neuruppin und Altruppin (mit einer trutzigen Kirche am See) breitet sich die Neuruppiner Schweiz aus. Was

verbirgt sich hinter diesem Begriff? Ist es eine romantische Verbrämung? Bereits Fontane suchte den Begriff zu erfassen:

*„Und fragst du doch: den vollsten Reiz,
Wo birgt ihn die Ruppiner Schweiz?
Ist's norderwärts in Rheinsbergs Näh?
Ist's süderwärts am Wolchow See?
Ist's Rottstiel tief im Grunde kühl?
Ist's Kunsterspring, ist's Boltenmühl?
Ist's Boltenmühl, ist's Kunsterspring?
Birgt Pfefferteich den Zauberring?
Ist's ‚Binenwalde'? – nein, o nein
Wohin du kommst, da wird es sein,
An jeder Stelle gleichen Reiz
Erschließt dir die Ruppiner Schweiz."*

Bei Wulkow wenden wir uns nach Schönberg mit seiner sehenswerten Fachwerkkirche aus dem Jahr 1689.
Wir kommen nach Lindow, bekannt für sein Nonnenkloster, dessen Reste man in einer romantischen Parkanlage beim Wutz-See findet (Evangelisches Stift Kloster Lindow). Im Ort selbst steht noch eine ganze Anzahl alter Bürgerhäuser.
Fontane: *„Zwischen drei Seen wächst es (Lindow) auf, und alte Linden nehmen es unter ihren Schatten ... Die Stadt entstand aus Ansiedlungen; Handwerker und Ackersleute kamen, die den Schutz des Klosters suchten."*
Der Ort ist für Ferienfreuden wie geschaffen. Am Wutzsee und Gudelack See können die Gäste baden, rudern, wandern ... In den Wäldern um die Seen soll es viele Pilze geben.

Wir folgen der Deutschen Alleenstraße. Dieser prächtige Name steht für eine ganze Route durch ostdeutsche Lande. Und er verspricht nicht zu viel: Die Straße ist geprägt und bestimmt von vielen unterschiedlichen Alleen, Ei-

Ruhig und still liegt uns Neuruppin zu Füßen.

chen-, Linden-, Birkenalleen. Welche sind die schönsten?

In Rheinsberg treffen wir Tucholsky

Alle diese Alleen führen uns nach Rheinsberg, einem Höhepunkt ohne alle Übertreibung. Liegt's an dem Schloß, einer Fata Morgana gleich, liegt's an dem Ort mit seinen (nach dem Brand) rechtwinklig angelegten Straßen? Zwei berühmte Namen begleiten uns durch Rheinsberg: Tucholsky und Fontane.

Die Stadtgeschichte hat einen „Brennpunkt", das Jahr des großen Stadtbrandes: 1740. Georg Wenzeslaus von Knobelsdorff lieferte den Plan für den Wiederaufbau. Er ließ die Stadtbefestigung vollends abreißen und den Graben einebnen. Die Stadt erhielt das Muster eines Schachbretts. Ihre geometrisch exakt angelegten Straßen wurden nur durch die (historisch gegebenen) Kirchenplätze gemildert. So schuf man den Triangelplatz, einen dreieckigen Platz mit einer Postmeilensäule aus dem Jahr 1765.

Die Wohnhäuser durften beim Wiederaufbau zwei Stockwerke nicht überschreiten. Es gab sicherlich zu viele Vorschriften, aber sie trugen maßgeblich zum harmonischen Bild der Stadt bei. Durch Rheinsberg schlendern wir mit dem Tucholsky-Roman „Rheinsberg" in der Hand. *„Ein Bilderbuch für Verliebte"* nannte er es und beschreibt darin die sommerliche Wochenendfahrt zweier junger Großstadtmenschen ins märkische Schloßstädtchen in liebenswürdiger Ironie und erotischem Charme. Tucholsky: *„Da war der Marktplatz, der mit alten, sehr niedrigen Bäumen bepflanzt war, schattig und still lag er da. Sie schritten durch ein schmiedeeisernes Tor in den Park.*

Das Rheinsberger Schloß gehört zu den malerischsten Bauten Ostdeutschlands.

In der Löwenapotheke von Neuruppin wurde Fontane geboren.

In diesem Haus lebte einst Fallada: Fallada-Gedenkstätte in Carwitz.

Hier war es ruhig. In dem einfachen weißen Bau des Schlosses klopfte ein Handwerker ...“

Für die Schloßbesichtigung wählen wir allerdings Fontane als Begleiter. Er schrieb, daß er im gegenüberliegenden Ratskeller saß, frühstückte und den Blick auf das Schloß genoß. Wir sitzen ebenfalls dort und trinken eine Tasse Kaffee. Dann gehen wir hinüber zum Schloß. Fontane: *„Das Schloß war in alten Tagen ein gotischer Bau mit Turm und Giebeldach. Erst zu Anfang des vorigen Jahrhunderts trat ein Schloßbau in französischem Geschmack an die Stelle der alten Gotik ...“* Das Schloß wurde 1734 für den Kronprinzen Friedrich gekauft. Der Baudirektor Johann Gottfried Kemmeter übernahm zunächst den Umbau; später kann man die Handschrift Knobelsdorffs erkennen, einem Freund des Prinzen, den dieser aus Italien zurückholte, um dem Nutzbau die Pracht einer spätbarocken Residenz zu geben. In diesem Schloß hat der „Alte Fritz“ die letzten vier Jahre seiner Kronprinzenzeit verbracht. Er beschäftigte sich mit Philosophie, Geschichte und Sprachen, versammelte einen illustren Freundeskreis um sich und verhalf Rheinsberg zu Ruhm und Ansehen. Der Ort mit dem Schloß wurde zum Symbol für die friderizianische Aufklärung. In Rheinsberg verbrachte der Kronprinz nach eigenem Bekunden die vier schönsten Jahre seines Lebens. Einer der Freunde, Baron Bielfeld beschreibt: *„Ich erlebte hier wahrhaft entzückende Tage. Eine königliche Tafel, ein Götterwein, eine himmlische Musik, köstliche Spaziergänge sowohl im Garten als im Walde, Wasserfahrten, Zauber der Künste und Wissenschaften, angenehme Unterhaltung: Alles vereinigte sich, um das Leben zu verschönern.“*
Fontane: *„Eine Beschreibung des Schlosses versuche ich nur in allgemeinsten Zügen. Es besteht aus einem Mittelstück und zwei durch eine Kolonnade verbundenen Seitenflügeln. In Front der See. Mehr eine Eigentümlichkeit als eine Schönheit bilden ein paar abgestumpfte Rundtürme, die sich an die Giebel der Seitenflügel anlehnen ...“*
Man mache sich auf den Weg durch Schloß und Park und entdecke so manches Kleinod der Malerei und Bildhauerei.
Nachzutragen ist, daß Friedrich in dieser Zeit auch arbeitete. Er schrieb seinen „Antimachiavell“, eine Schrift, in der er alle Tugenden eines dem Lande dienenden Monarchen zusammentrug.

Ein zweiter Nachtrag gilt dem Leuchtturm. Friedrich ließ ihn erbauen als eine Art Frühwarnsystem. Wenn sein Vater, der strenge Regent, nahte, wurde der Kronprinz gewarnt und konnte die Musikinstrumente beiseite legen, um sich (scheinbar) der Wissenschaft zu widmen.

Und ein dritter Nachtrag schließlich gilt dem Bruder des Königs, Heinrich. Ihm schenkte dieser 1744 das Schloß. Im Gegensatz zu Friedrich liebte Heinrich äußeren Prunk. Er engagierte zahlreiche Schauspieler, Musiker, Tänzerinnen für die Hofhaltung; er ließ Schloß und Park erweitern und umbauen. Auch der Obelisk auf der anderen Seite des Grienericksees stammt von Heinrich. Dieser schien die Zeitgenossen stark beeindruckt zu haben. Selbst Fontane widmete ihm eine zehn Druckseiten lange Beschreibung.

Am schönsten ist der Blick auf das Schloß von der Parkseite aus, über den See hinweg. Wir können uns das damalige Leben gut vorstellen.
Fontane: „*Wir sind nun in den Park getreten. Er umzieht in weitem Halbkreis die linke Hälfte des Sees ... Der Park ist eine glückliche Mischung von französischem und englischem Geschmack ...*“
Und Tucholsky verabschiedet sich von diesem Park: „*Und sie gingen durch den dämmerigen Park, in dem die Baumgruppen erdunkelten, sich schwärzlich auseinanderschoben ... Gewiß blies hier der Wind immer so in die Baumwipfel, daß sie aufrauschten, strich durch die Stämme, raschelte schleifend im Laub ... Sie empfanden: Abschied.*“

Fahrt durchs Seenland
Unser Weg führt uns durch das Seenland. Kanäle verbinden die vielen Seen, so daß unsere Fahrt auch auf dem Wasser zu allen Zielen führt. In Zechlinerhütte würden wir das nächste Mal anlegen. Seit 1737 produzierte hier eine Glashütte. Schon damals zerstörten diese Hütten die Umwelt durch den Raubbau an Holz, das man zur Glasherstellung benötigte. 1890 wurde die Glashütte geschlossen, weil sie nicht mehr rentabel arbeitete. Die Umwelt erholte sich wieder. Heute erinnert nur noch der Name an Hütte und Raubbau.
Bei Canow gleicht eine Schleuse die eineinhalb Meter Höhenunterschied zwischen den zwei Seen aus. Fischreich sind die Gewässer. Das demonstriert der Schleusenwärter gerne mit der reichen Ausbeute im Aalfang, einem Käfig im Überlauf neben der Schleuse, in dem es häufig von Aalen nur so wimmelt, wenn er hochgezogen wird.
Ich liebe Aal in Gelee; meine Familie zieht geräucherten Aal vor. Dazu gehört ein kräftiger Klarer. Das alles gibt es im Seenland.

Wesenberg liegt am Woblitz-See, der von der Havel durchzogen wird. Von der einstigen Burg ist nicht mehr so viel übriggeblieben; aber die Kirche St. Marien finden wir sehenswert. Im Inneren der gotischen Backsteinkirche sehen wir die sogenannte Teufelskette. Einer Sage nach soll sie der Teufel geschmiedet haben, nachdem der Schmied den Auftrag nicht zur Zufriedenheit erfüllte. Neben der Kirche steht die Friedhofslinde mit acht Metern Umfang und etwa 600 Lebensjahren. Sie ist fast so alt wie der Ort, der wahrscheinlich gegen 1250 von Fürst Nikolaus I. von Werle gegründet wurde.
Nachbarort ist das kleine Städtchen Mirow, seit 1227 Sitz der Johanniter, die hier eine Komturei besaßen. Mirowe nannten die Mönche den Ort, abgeleitet von dem slawischen Wort Miru, das bedeutet „Frieden“.
Auf der Halbinsel im Mirower See erbauten die Johanniter eine Burganlage. Sie widmeten sich der Krankenpflege und dem Waffendienst. 1587, nach der Reformation, kam die Komturei in den Besitz der mecklenburgischen Herzöge. Wir gelangen durch die Toranlage in den Burgbezirk, eine Allee führt uns zum Schloß, einem heruntergekommenen Barockhaus aus den Jahren 1742 bis 1749. Es ist nicht bewohnbar, es ist auch nicht zu besichtigen, da aus baupolizeilichen Gründen geschlossen. Wir stellen uns vor, daß es einmal sehr schön werden wird. Auf der Insel existieren noch die Überreste der alten Johanniterkirche, die 1742 niederbrannte und 1951 erst wieder aufgebaut wurde.

Wir gehen zur Liebesinsel. Sie ist, wie der Name schon sagt, eine Insel für Verliebte: ein romantisches Fleckchen Erde. Aber sie ist auch Grabesinsel: Großherzog Adolf Friedrich VI. ist hier beerdigt. „Gott ist die Liebe" steht auf dem Grabstein.
Der Ort entstand oberhalb der Johanniterburg. 1730 brannte der größte Teil ab, daraufhin wurde er nach einem barocken Stadtplanungsverständnis wieder neu angelegt: mit einem gitterförmigen, rechtwinkligen Straßennetz.
Wir spazieren durch Mirow, eine typische mecklenburgische Kleinstadt. Die Häuser sind gedrungen, ihre Giebelseiten weisen zur Straße hin. In der Hauptstraße hat man im Erdgeschoß der Häuser Läden eingerichtet. Das Angebot ist recht vielfältig, aber nicht spektakulär. Ein klein bißchen langweilig ist es auch.

Kurz nach Mirow erreichen wir die Einfahrt zum Mirow-Havel-Kanal. Es ist interessant, eine Schleusung zu beobachten. Die Schleuse hat keine üblichen Schwenktore, sondern Hubtore, die mit schweren Gewichten hochgezogen werden.

Neustrelitz kann man gut vergessen, notiere ich im Tagebuch. Das klingt vielleicht hart, aber im Kern stimmt es. Neustrelitz nennt sich nach den Strelitzen, Bogenschützen, die einst die Burg der slawischen Vorfahren gegen Angreifer verteidigten. Neustrelitz ist eine bescheidene Stadtgründung aus dem Barock. Obwohl die Stadt den Herzögen von Mecklenburg-Strelitz als Residenz diente, sucht man Prunkbauten vergeblich. Zentraler Punkt der Stadt ist ein Platz, von dem acht Straßen sternförmig ausgehen. Im Zentrum

Sehenswert sind die Wiekhäuser von Neubrandenburg.

steht ein fantasieloses russisches Denkmal. An den Platz grenzen die Stadtkirche (1768–1778) und das Rathaus. An einem Eckhaus erinnert eine Tafel an den Komponisten Engelbert Humperdinck, der 1921 in diesem Haus gestorben ist. Ein anderer berühmter Bürger von Neustrelitz ist Heinrich Schliemann. Er ging hier einst zur Schule.
Erholsam ist der Spaziergang durch den Schloßpark, in dem der Luisentempel hervorzuheben ist, eine 1891 errichtete Gedenkhalle für die preußische Königin Luise.

Müritz-Nationalpark: viel Natur vom besten

Wir machen einen Abstecher in den Müritz-Nationalpark. Nur wenige Straßen führen durch den Park. Die Natur soll geschützt bleiben. Seeadler, Fischadler, Kraniche und Schwarzstörche haben hier ihr ungestörtes Refugium. Wälder und Seen prägen das Gebiet. Wer hier Urlaub macht, erlebt Natur pur. Die Orte allerdings bieten nicht viel. Man versucht sich in sanftem Tourismus. Aber es fehlt noch viel: Hotelzimmer, Restaurants, selbst Campingplätze. Der Urlauber ist noch nicht so richtig entdeckt worden, zum Glück vielleicht. Die, die sich dennoch den Müritz-Nationalpark ausgesucht haben, können sich in der freien Natur wohl fühlen.

Feldberg hat stille Winkel und holprige Pflasterstraßen, über die noch schaukelnde Pferdefuhrwerke rappeln. Feldberg bietet Kleinstadtidyll mit typisch mecklenburgischem (das heißt herbem) Flair. Aber es fährt niemand nach Feldberg, um in der Stadt zu flanieren, sondern eher, um in den Seen zu baden, zu angeln oder Kahn zu fahren. Kristallklare Seen gibt es viele: Breiter Luzin, Haussee, Schmaler Luzin, Carwitzer See und der Dreetz, allesamt in der Nacheiszeit entstanden, heute von herrlichen Mischwäldern vor dem eiligen Reisenden verborgen. Nur aus der Nähe erschließen sich die Reize.
Vielleicht fährt der eine oder andere auch nach Feldberg und noch ein klein bißchen weiter bis Carwitz, um die Fallada-Gedenkstätte zu besuchen. Wir besichtigen sein stilles Arbeitszimmer, genießen den ruhigen Blick über den See.

Durch die Rheinsberger Seenlandschaft

Die Toranlagen sollten die Besucher einst beeindrucken. Das ist in Neubrandenburg bis auf den heutigen Tag so geblieben.

Die Tragik des Herrn Fallada

Hans Fallada hieß eigentlich Rudolf Ditzen, geboren 1893 in Greifswald. Er besuchte das Gymnasium in Berlin und Leipzig, wo sein Vater als Reichsgerichtsrat tätig war. Nachdem Fallada in einem Duell einen Freund getötet hatte, wurde er in der geschlossenen Anstalt Tannenfeld bei Jena untergebracht. 1913, nach seiner Entlassung, reiste er durch Sachsen und Pommern und arbeitete schließlich als freier Schriftsteller in Berlin. Seinen großen Durchbruch als Romanautor hatte er mit „Kleiner Mann - was nun?". Daraufhin kaufte er sich 1933 ein sechs Hektar großes Anwesen in Carwitz, Büldnerei 17. 1933 vollendete er seinen Roman „Wer einmal aus dem Blechnapf frißt" und gleich anschließend „Wir hatten mal ein Kind". Die meisten seiner Romane entstanden in der Abgeschiedenheit von Carwitz, wo er sich von seinen Alkoholexzessen immer wieder erholte. 1944 zog er nach der Scheidung von seiner Frau nach Feldberg. Im Juni 1945 wurde er zum Bürgermeister gewählt. Das Amt überforderte ihn jedoch. Er erlitt einen Nervenzusammenbruch und wurde ins Krankenhaus eingeliefert. Den Einmarsch der Russen beschrieb er in seinem Buch „Der Alpdruck". Kurz nach der Vollendung des Romans starb er 1947. Seine Urne wurde 1981 nach Carwitz überführt und auf dem Dorffriedhof beigesetzt.

Lychen liegt idyllisch zwischen mehreren Seen. Die St.-Johannis-Kirche bestimmt das Stadtbild, mächtig erscheint sie in ihrem roten Backsteinkleid. Das mittelalterliche Lychen wurde bald nach Gründung (1248) mit einer Wehranlage versehen. Von den Tortürmen sind heute noch Reste erhalten. Das Rathaus steht auf dem zentralsten und höchsten Platz der Altstadt, von einem Geviert aus Lindenbäumen umgeben. Nach einem Brand wurde es 1748 im barocken Stil erbaut. Lychen ist eine Stadt der Pflasterstraßen. Den Durchgangsverkehr behindert manchmal das Kopfsteinpflaster, es prägt jedoch das historische Image des Ortes. Auch für Lychen gilt, daß der nette Ort nicht die Hauptanziehung darstellt, eher sind dies die Seen, mit denen Lychen reich gesegnet ist. Sie alle entstammen der letzten Eiszeit, doch ihre Entstehungsgeschichte verlief recht unterschiedlich.

Wie die Seen entstanden ...

Die Rinnenseen entstanden durch Schmelzwasserströme des abtauenden Eispanzers und durch Gletscherzungen. Sie sind lang, schmal, tief und immer etwas kühl. Die Steilufer erschweren häufig den Zugang zu den Seen (zum Beispiel: Zenssee).

Die Flachsenkenseen bildeten sich dort, wo sich das Schmelzwasser in großen Becken sammelte. Es entstanden großflächige flache Seen, deren Wassertemperaturen sich mit der jeweiligen Außentemperatur verändern. Die Ufer sind flach, schilfbewachsen, teilweise auch moorig (zum Beispiel: Großer Lychensee).

Mit Sölle bezeichnet man kleine und kleinste Seen, die fast immer sumpfig sind und starken Schilfbewuchs aufweisen. Sie entstanden durch langsam tauende große Eisblöcke. Die Seen haben meist keine Verbindung miteinander und nur selten einen Zu- oder Abfluß. In ihrer natürlichen Entwicklung verlanden diese Seen allmählich und werden zu Feuchtwiesen (zum Beispiel: Stübnitzsee).

Wir kommen nach Fürstenberg in den Ortsteil Ravensbrück. Der Name ist wohl bekannt durch das ehemalige Frauenkonzentrationslager. Da stehen wir auf dem Appellplatz und sehen über den friedlichen See hinüber nach Fürstenberg. In den Jahren 1939 bis 1945 wurden über 132 000 Frauen und Kinder aus vielen europäischen Ländern hierher gebracht und unter grausamen Bedingungen inhaftiert. Tausende von Häftlinge wurden ermordet oder in die Vernichtungslager abtransportiert. In den Zellenbauten des Gefängnisses befinden sich die Gedenkräume, ausgestaltet von den Ländern, die Opfer in dem KZ zu beklagen hatten. Künstler aus den jeweiligen Regionen haben den Raum gestaltet: nüchtern, mahnend, aufrüttelnd. In der ehemaligen Kommandantur befindet sich ein Museum. Ich erinnere mich an einen kleinen Teddy. Ein Kind hat ihn verloren, als es vor den Augen der Häftlinge zu Tode geprügelt wurde. Eine Gefangene bewahrte ihn auf. Sie überlebte.

Fürstenberg, wie kann man in der Nähe eines solchen Ortes leben? Das ist eine schwere Frage, der Ort liegt schön auf drei Inseln zwischen Röblinsee, Baalensee und Schwedtsee an der Havel. Fürstenberg wurde schon immer als Ferienort gerne besucht. Alte Burg, Schloß, Stadtkirche, ein Ort der klassizistischen Bauten – und immer wieder gleitet der Blick über den See nach Ravensbrück.

In Fontanes Romanwelt: Der Stechlin

Von Fürstenberg aus machen wir einen kurzen Abstecher nach Neuglobsow zum Großen Stechlinsee. Eigentlich ist der Große Stechlinsee ein See wie so viele andere. Das Dorf Neuglobsow hat keine erwähnenswerten Sehenswürdigkeiten, die einen Besuch angeraten erscheinen lassen. Der einzige Grund ist Fontane. Er hat den See so überzeugend beschrieben, daß seither viele Touristen in dieses Nest strömen. Die Dörfler haben gelernt, mit dem Touristenstrom zu leben. Große Parkplätze vor dem Ort mit horrenden Parkgebühren und Durchfahrtverbot für alle charakterisieren das Umfeld. Eigentlich sollte man wieder umkehren, aber Fontane ...

Er schrieb: *„Da lag er vor uns, der buchtenreiche See, geheimnisvoll, einem Stummen gleich, den es zu sprechen drängt. Aber die ungelöste Zunge weigert ihm den Dienst, und was er sagen will, bleibt ungesagt."*

Als Fontane den Stechlinsee beschrieb, war jener tatsächlich ein stiller Waldsee in einsamer Umgebung. Nur einige wenige Menschen lebten in der Glashüttensiedlung Neuglobsow. Als die Glashütte aufgegeben wurde, zogen noch mehr Menschen weg. Nur wenige konnten sich durch die Forstwirtschaft ernähren. Da strömten urplötzlich

Ravensbrück: Das Mahnmal geht noch immer unter die Haut.

Ende des vergangenen Jahrhunderts viele Fremde nach Neuglobsow. Sie hatten den letzten Roman Fontanes „Der Stechlin“ gelesen. Der Fremdenverkehr hat bis heute nicht nachgelassen. Der See liegt nicht mehr so ruhig wie einst.

Auf der Fahrt von Neustrelitz nach Neubrandenburg kommen wir nach Hohenzieritz. Es ist nicht nur der Name eines Schlosses und eines Ortes, sondern der einer ganzen Parklandschaft. Sie beginnt bereits am Stadtrand von Neustrelitz, umfaßt den südlichen Teil des Tollensesees und reicht bis Werder bei Penzlin. Reste alter Burgen, alten Baumbestand, Seen, Hügelgräber finden wir in dieser Parklandschaft. Alleen und Baumgruppen wurden gepflanzt und Dörfer umgestaltet; alles sollte sich wie eine perfekte Kulisse in die Parklandschaft einordnen. Das ist Wanderland. Man muß den Park erlaufen, nur so ist das Arrangement richtig zu genießen.
Wer weniger Zeit hat, besucht die Gemeinde Hohenzieritz, bekannt als Sommersitz der Königin Luise, die hier 1810 verstarb. Das barocke Schloß entstand 1746 bis 1751. An Königin Luise erinnert der 1815 erbaute Luisentempel.

Königin Luise, volkstümlicher Monarch
Königin Luise, die Tochter Karls II. von Mecklenburg-Strelitz wurde 1776 in Hannover geboren. 1793 wurde sie mit dem späteren König Friedrich Wilhelm III. von Preußen vermählt. Sie gilt als die einzige volksnahe Königin des Hohenzollernhauses. Sie setzte sich mit Würde für ihr Volk ein und scheute sich auch nicht, von Napoleon mildere Friedensbedingungen für ihre preußischen

Sonnenuntergang am Plauer See.

Untertanen zu erbitten. Ihre beliebte Art und ihr früher Tode führten dazu, daß sie in vielen Totenklagen gehuldigt wurde. Besonders Kleist und Brentano widmeten ihr verschiedene Schriften.

Die Stadt der Mauern und Türme: Neubrandenburg

Neubrandenburg haben wir uns eigentlich ganz anders vorgestellt. „*So wie es jetzt daliegt mit seinem viereckigen Platz in der Mitte, dem Platz für die Kirche daneben, den geraden Straßen, den vier Toren, die man vom Kern aus übersieht, wie wenn es Haustüren wären, ist Neubrandenburg im Jahr 1284 planmäßig angelegt worden . . .*“, schrieb Ricarda Huch 1927. Die Stadt mag einmal schön gewesen sein. 1945 hat sich alles jedoch grundlegend verändert. Bomben legten die Stadt in Schutt und Asche. Die sozialistischen Herren ließen den Schutt abräumen und bauten erdrückend machtvolle Häuser aus Betonplatten. Trotzdem hat sich Neubrandenburg einigen Reiz bewahrt. Das liegt an der Stadtmauer, mittlerweile gründlich restauriert, mit vielen erhaltenen Wiekhäusern geschmückt, die an der Mauer kleben, und an den vier Torbauten, die in die Stadt führen. „*Die vier Tore sind wundervolle Proben der Backsteingotik, im Vergleich zu anderen elegant, als wären sie mehr zur Zier als zur Wehr da . . .*“, beschrieb Ricarda Huch die kunstvoll gebauten Tore. Die Stadtmauer stammt aus dem Ende des 13. Jahrhunderts. Sie ist 2300 Meter lang, aus Feldsteinen errichtet und trägt eine Mauerkrone aus Backsteinen. Die Wiekhäuser sind nach außen vorspringende dreigeschossige Häuschen, die die Mauer überragen. Im Untergeschoß lagerten Waffen und Löschgeräte, vom Obergeschoß aus wurde die Mauer verteidigt. Die wehrpflichtigen Bürger der Stadt waren einzelnen Wiekhäusern zugewiesen und mußten sich im Verteidigungsfall dort melden. Mittlerweile wurden die Häuser in Fachwerkbauweise umgebaut zu Wohnungen, Läden und kleinen Kneipen.Von den 56 Wiekhäusern sind inzwischen 26 renoviert. Von besonderer Schönheit sind die Stadttore. Das älteste, das Friedländer Tor ist am besten erhalten und beeindruckt durch seine schlichte, elegante Form. Erst nachträglich in die Stadtmauer eingepaßt wurde das Neue Tor. Das Stargarder Tor beherrscht besonders das reich geschmückte Vortor. Das Treptower Tor schließlich verfügt über den größten, kunstvoll gebauten Torturm der Stadt. Die Pracht der Stadttore zeigt ganz deutlich, daß sie nicht nur der Verteidigung dienten, sondern auch der Repräsentation der Stadt – diese Funktion erfüllten und erfüllen sie wahrlich eindrücklich.

Die Innenstadt ist fußgängerfreundlich. Wir können sie leicht erlaufen. Leider gibt es nicht viel zu sehen. Von der dreischiffigen Marienkirche mit ihrem monumentalen Ostgiebel, einer weithin bekannten Schöpfung der Backsteingotik, blieben 1945 nur die Umfassungsmauern, der Giebel und der Turm stehen. Sie sollte renoviert, zur Konzerthalle und Kunstgalerie ausgebaut werden, aber das Projekt ließ sich bisher nicht verwirklichen. Nach der Wende hofft man auf neue Impulse.

Da die Marienkirche nicht mehr zu benutzen war, wurde St. Johannis Stadtkirche. Der zweischiffige, frühgotische Backsteinbau hat einen ruhigen und würdevollen Innenraum, der, geschickt renoviert und modernisiert, auch als Gemeinderaum dient.

Fritz Reuter, ein Schicksal

Neubrandenburg ist die Stadt von Fritz Reuter. Er lebte von 1856 bis 1863 in Neubrandenburg als Hauslehrer und bezeichnete diese Jahre als seine schönste Zeit. Reuter wurde 1810 als Sohn des Bürgermeisters von Stavenhagen geboren. Er studierte in Rostock und Jena Rechtswissenschaften, schloß sich den Burschenschaften an und wurde trotz geringer Beteiligung 1836 nach dreijähriger Untersuchungshaft wegen angeblichen Hochverrats zum Tode verurteilt, später zu dreißig Jahren Festungshaft begnadigt und 1840 schließlich durch eine Amnestie freigelassen. Während seiner Zeit in Neubrandenburg schrieb er die meisten seiner Werke. 1866 erschien sein Werk „Nigenbramborg", in dem er das Leben in der Residenzstadt Neubrandenburg schilderte. 1874 starb er in Eisenach.

An einen anderen berühmten Bürger Neubrandenburgs erinnert ein Denkmal in der Jahnstraße: Friedrich Ludwig Jahn (1778–1852). Der Turnvater war 1802 und 1803 Hauslehrer in Neubrandenburg und legte hier seinen ersten Turnplatz an.

AUSKUNFT

Fremdenverkehrsamt Neuruppin, August-Bebel-Str. 14/15, 16816 Neuruppin; Tel. und Fax: 03391/2345.

Tourist-Info des Heimat- und Verkehrsverbandes Rheinsberger Seenkette e.V., Markt/Kavalierhaus, 16831 Rheinsberg; Tel. und Fax: 033931/2059.

ÜBERNACHTEN

Neubrandenburg
Campingplatz am Tollensesee

Neustrelitz
Viele Campingplätze befinden sich zwischen Neustrelitz und Mirow

Waren
Ab Waren gibt es eine große Auswahl an Campingplätzen

PARKEN

Neubrandenburg
Es können sich durchaus Parkprobleme ergeben. Am besten man sucht bereits außerhalb der Stadtmauer einen Parkplatz. Vor dem Stargarder Tor bietet sich der Parkplatz des Einkaufszentrums an.

Neuruppin
Parkplätze befinden sich am Ernst-Thälmann-Platz, entlang des Walls oder am Seeufer.

HIGHLIGHTS

Carwitz
* Fallada-Gedenkstätte (südlich von Feldberg, ausgeschildert; Öffnungszeiten: Di-So 14–16 Uhr)

Hohenzieritz
* Schloß mit Luisentempel

Neubrandenburg
* Regionalmuseum Neubrandenburg, Abteilung Stadtgeschichte mit Wissenswertem über C.D. Friedrich, F. Jahn und F. Reuter (Friedrich-Engels-Platz 7; Öffnungszeiten: Di-Fr 9–17.30 Uhr, Sa und So 13–17.30 Uhr).
* Stadtmauer mit Wiekhäusern
* Toranlagen: Stargarder Tor, Neues Tor, Friedländer Tor, Treptower Tor

Neuglobsow
* Stechlinsee

Neuruppin
* Fontanedenkmal
* Heimatmuseum (Öffnungszeiten: Di-Fr 10–17 Uhr und Samstag und Sonntag 10–16 Uhr)
* Kirchplatz mit Marienkirche und Schinkeldenkmal
* Wall mit Tempelgarten

Rheinsberg
* Schloß und Schloßpark. Das Schloß kann besichtigt werden (Öffnungszeiten: Di-So 10–17 Uhr).
* Stadtanlage mit Triangelplatz und Postmeilensäule

Penzlin heißt der Ort auf der anderen Seite von Hohenzieritz. Neben einer Nikolai-Backsteinkirche rühmt man die Seenumwelt. 1703 wurden in dem Ort zwei Hexen verbrannt. Daran erinnert zumindest dem Namen nach der Hexenkeller, der zur Burg gehört. Wir besuchen dort die Johann-Heinrich-Voß-Gedenkstätte.

Müritzland ist Seenland

Was die Hexen mit Heinrich Voß gemeinsam haben, ist nicht ersichtlich. Heinrich Voß jedenfalls war Schriftsteller. Er wurde zwar in Sommerstorf (in der Nähe von Waren) geboren (1751), aber er verlebte einen Teil seiner Kindheit in Penzlin, wo sein Vater eine kleine Schenke bewirtschaftete. Dabei schnappte er viele Klagen über die harte Fronarbeit auf, auch hörte er vielerlei Volkslieder. Diese beeinflußten sein dichterisches Werk. Er gilt als bedeutender Lyriker und Epiker. Seine Idyllen „Der 70. Geburtstag“ (1781) und „Luise“ (1783) beeindrucken durch ihre realistische Schilderung des Landlebens. Es gilt als erwiesen, daß sich Goethe von ihnen inspirieren ließ. In seinem Werk „Hermann und Dorothea“ nahm er bei Voß einige Anleihen.

Von Penzlin kann man einen kleinen Umweg über Ankershagen unternehmen. Ankershagen? Man muß den Ort nicht kennen. Er liegt inmitten eines Landschaftsschutzgebietes, in dem die Havel ihren Ursprung hat. Vielleicht haben Menschen mit humanistischer Bildung den Namen des Ortes schon einmal gehört. In Ankershagen befindet sich das Elternhaus von Heinrich Schliemann. Der Altertumsforscher und Trojaentdecker verbrachte hier einen Teil seiner Kindheit. In dem Fachwerkhaus ist heute ein Schliemann-Museum untergebracht. Der sagenhafte Goldschatz von Troja ist natürlich nicht ausgestellt, aber doch eine ganze Reihe von Originalfundstücken. Die Museumsdamen erzählen dem Besucher gerne mehr über Schliemann.

Die Schliemann-Story
Mit 7 Jahren las er das Heldenepos „Ilias“ von Homer. Der Junge glaubte Wort für Wort und sein Ziel stand fest, er wollte den Schatz des Priamos entdecken. Doch für seine Pläne benötigte

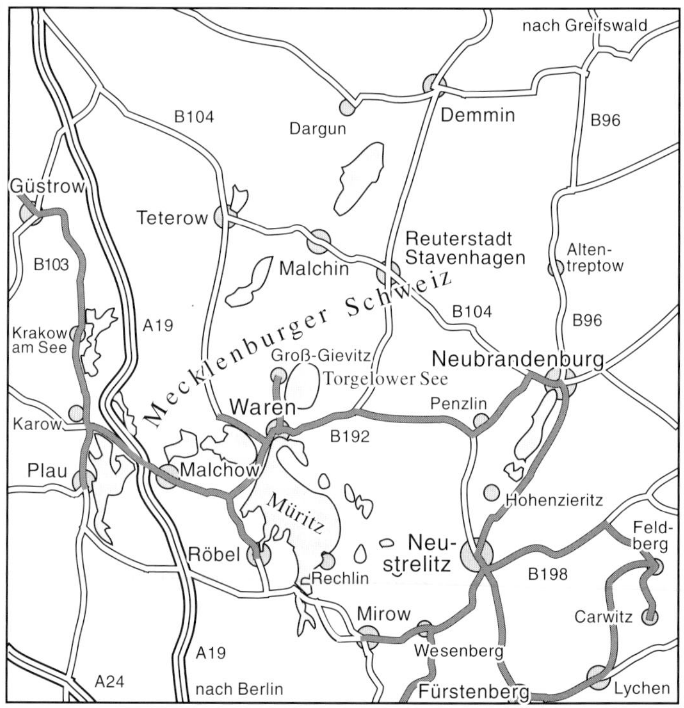

Fachwerkhäuser säumen die Straßen von Plau.

Frischen Fisch beziehen die Einwohner von Plau direkt vom Plauer See.

er viel Geld. Er wurde ein gerissener Geschäftsmann. Von Rußland bis Amerika handelte er mit Baumwolle, griechischem Olivenöl, indischem Tee, kubanischem Zucker, Tabak aus Mittelamerika und anderem. Sein Vermögen investierte er später in die Ausgrabungen um Troja.

Seine Ehefrau suchte er sehr zielstrebig aus. Da er eine junge Griechin heiraten wollte, besuchte er eine Athener Privatschule und ließ sich von den Mädchen Verse aus dem Homer vorsprechen. Die schöne Sophia beeindruckte ihn und noch am gleichen Abend hielt er um ihre Hand an. Seine Frau begleitete ihn nach Troja. 1870 begann er zu graben. Er legte Schicht für Schicht frei, bis er „sein" Troja entdeckte. Im späten Frühjahr 1873 entdeckte er den großen Schatz. Er schenkte ihn dem deutschen Volk, wie das damals so üblich war. In Berlin wurde er ausgestellt. Die Sowjettruppen raubten den Schatz 1945 und versteckten ihn in den Kellern des Puschkin-Museums. 1991 gelangte diese Information an die Öffentlichkeit. Boris Jelzin gab sein Einverständnis, den Schatz herauszugeben. Das Gerangel begann: Die Russen betrachten den Schatz als Kriegsbeute, die Griechen fühlen sich als die ideellen Besitzer, die Türken können darauf hinweisen, daß er aus ihrer Erde stammt und die Deutschen reklamieren, daß sie den Schatz gefunden haben.

In Ankershagen können wir die Schliemann-Geschichte ein bißchen nacherleben und auf Schatzsucherspuren wandeln.

Die Touristen zieht es nach Waren

Mittelpunkt der Müritzlandschaft ist Waren, an einer Bucht an der Nordspitze der Müritz gelegen. Waren entwickelt sich immer mehr zum dynamischen Tourismuszentrum, wobei dies eine gewisse Tradition hat. 1844 gab es bereits die ersten Badehäuser, seit 1885 verfügt die Stadt über eine Seebadeanstalt. Da konnte es auch gar nicht verwundern, wenn selbst Fontane anreiste und sich voll des Lobes über den Ort zeigte. In einem Prospekt (1929) preist sich die Stadt recht vollmundig als „norddeutsches Interlaken". So weit würde man sich heute nicht mehr versteigen, wenngleich der Ort auch auf uns einen netten Eindruck macht. Im Ortskern befindet sich das alte Rathaus, das den Stadtbrand von 1699 unbeschadet überstand. Die Mauern des mächtigen Backsteinbaus sind über einen Meter dick. Das Neue Rathaus entstand 1857 im Stil der Tudorgotik am Neuen Markt. Gegenüber fällt uns ein herrlicher Fachwerkbau mit der 1623 gegründeten Löwenapotheke auf. Die Pfarrkirche St. Georg ist eine dreischiffige gewölbte Basilika aus dem 14. Jahrhundert. Der quadratisch vorspringende Turm kann bestiegen werden. Von hier oben hat man einen herrlichen Blick über das Müritzgebiet – und wir verstehen auch warum Waren ein so attraktiver Erholungsort geworden ist. Die Bürger sind stolz auf die vier „W“: Wasser, Wandern, Wald und Waren.

Wer war Wossidlo?
In Waren ist der Name Richard Wossidlo (1859–1939) ein Begriff. Im Weinbergschloß, in dem er bis zu seinem Tod lebte, wurde ein Gedenkzimmer eingerichtet; vor dem Schloß erinnert ein Gedenkstein an den Schullehrer, der sich um die Erhaltung der niederdeutschen Sprache verdient gemacht hat. Auch das Gymnasium, ein monumentaler Neorenaissancebau am Neuen Markt, ist nach ihm benannt: Richard Wossidlo-Oberschule.

Eine kleine Straße verbindet Waren mit Groß-Gievitz. Auf einer kleinen, dem Ort vorgelagerten Insel befindet sich eine der größten Kormorankolonien Deutschlands. Über 400 Paare, so haben Naturschützer gezählt, ziehen auf der ungestörten Insel zwischen März und Juli ihre Jungen auf. Denkt man, daß Kormorane ruhige Vögel sind, sieht man sich schwer getäuscht. Die Vögel machen durch laute Rufe und Schreie auf sich aufmerksam.
Wer sich für Tiere interessiert, kann sich westlich von Waren noch an einem ganz anderen Erlebnis erfreuen: Auf dem waldbedeckten Damerower Werder, einer Halbinsel zwischen Jabeler- und Kölpinsee werden in einem riesigen Freigehege Wisente gezüchtet. In zwei Schaugehegen kann man die europäischen Wildrinder beobachten. Am interessantesten ist dies während der Fütterung: um 10.00 Uhr täglich. Seit 1921 sind übrigens die Wiesente in freier Wildbahn ausgestorben.

Klink liegt auf der Landzunge zwischen Kölpinsee und Müritz. Ursprünglich war es ein kleines Rittergut mit Wirtschaftsgebäuden und Landarbeiterhäuschen; später hat man es zu einem Feriendorf ausgebaut, im Schloß ein Hotel eingerichtet. Die Feriensiedlung war nach der Wende recht heruntergekommen. Bald zogen Baukolonnen auf, die fleißig renovierten. Hier soll eine moderne Ferienstadt entstehen. Investoren planen ein Megaprojekt; die Umweltschützer haben Angst um das schöne Seenland.

In Röbel kommen die Wassersportler auf ihre Kosten
Ein anderes Ferienzentrum liegt nicht weit entfernt. Röbel am Müritzsee gilt als Touristenhochburg. Die Innenstadt wurde einst von Handwerkern, Bauern und Fischern geprägt. Die Bauten sind entsprechend einfach. So reizt nicht so sehr der Ort als die Umgebung. Für einen Überblick ist die frühgotische Marienkirche aus dem 13. Jahrhundert ideal. Wenn man den später angebau-

ten Turm (19. Jahrhundert) ersteigt, schweift der Blick weit über das Müritzland. Draußen auf dem See sehen wir viele Segler und Surfer. Wassersport ist angesagt. Die Campingplätze befinden sich im Norden und Osten. Einer, im Osten, liegt ganz in der Nähe von Ludorf, einem kleinen und unscheinbaren Dorf mit jedoch bemerkenswerter Dorfkirche (1346). Über dem achteckigen Grundriß erhebt sich ein spitzes Zeltdach. Im Inneren fallen uns die schmiedeeisernen Wappen und die Glasmalereien auf.

Noch ein Zentrum: Malchow

Die Stadt liegt ganz besonders reizvoll am Malchower See, der den Plauer See mit den weiter östlich gelegenen Seen verbindet. Daher heißt auch in Malchow der gängige Slogan: „Wassersport pur“. Die Altstadt liegt auf einer Insel. Wir erreichen sie über einen Erddamm (1846 aufgeschüttet) und eine Drehbrücke. Das Rathaus ist ein schöner Fachwerkbau aus dem 18. Jahrhundert; auch viele andere Häuser der kleinen Stadt erglänzen, bereits neu gestrichen, im Fachwerkkleid. Auf dem Marktplatz stehen Buden, ein kleiner Markt bringt Leben in den Ort. An der Drehbrücke bieten Fischer an einigen Verkaufsständen Fische fangfrisch direkt für die Pfanne an. Wir können dem Angebot nicht widerstehen.

Am anderen Ende des Dammes erhebt sich die Klosterkirche. Einst Nonnenkloster, später Stift für adelige Damen, haben die Bauten heute keine große Bedeutung mehr; eher rühmt man den Klosterpark mit hohen Eichen und Pappeln.

In der Nähe von Malchow stoßen wir auf das Agrarhistorische Museum. Es ist noch nicht „westlich orientiert“. DDR-Zeiten sprechen aus Tafeln und Beschriftung. Eigentlich sollte man nicht jedes Museum „modernisieren“, kommt uns in den Sinn. Schmuckstück ist eine alte Windmühle. Sie wurde auf dem Museumsgebäude neu aufgebaut. Alle anderen Gebäude und Schuppen sind original. In ihnen können die Gegenstände nicht immer vorteilhaft präsentiert werden, aber dafür hat alles das Siegel der Originalität. Vergangenheit wird dem Besucher sehr anschaulich näher gebracht. Insbesondere Feldgeräte, einfachste landwirtschaftliche Maschinen zeigen sehr eindrücklich die Mühen des Alltags. Auch die unterschiedlichen Wohneinrichtungen lassen den Wandel bäuerlichen Lebens erkennen.

Die Slawen gründeten Plau

Am westlichen Ufer des Plauer Sees liegt Plau, eine alte slawische Siedlung. An die Gründung des Ortes erinnert noch der Name: Plawe nannten die Slawen den „Flößort“. Daraus wurde im Lauf der Jahrhunderte Plau. Bereits 1235 erhielt Plau die Stadtrechte und wurde wehrhaft ausgebaut. Von diesen Bauten sind noch die Wallanlage und der Burgturm erhalten. Der mächtige 12 Meter hohe Turm mit seinen drei Meter starken Mauern gilt heute als Wahrzeichen der Stadt. In ihm ist das Heimatmuseum untergebracht. Beeindruckend ist auch die Stadtkirche (vor 1300). Wir spazieren durch den Ort: Fachwerkhäuser säumen die Straße. Da gibt es zwar nichts Spektakuläres, aber dennoch empfinden wir die Atmosphäre als angenehm. In den Führern lesen wir, daß Plau die typische mecklenburgische Ackerbürgerstadt sei. Uns gefiel sie jedenfalls.

Müritzland ist Seenland

Das Müritzgebiet beeindruckt nicht durch seine Städte, nicht durch Denkmäler und Sehenswürdigkeiten. Es beeindruckt durch seine Natur: Wasser, Wald und nochmals Wald und Wasser. Mit dem Boot muß man auf den See hinausfahren, mit dem Fahrrad am Ufer entlangradeln, zu Fuß durch die Wälder streifen. Dann wird man der Landschaft, der Region gerecht.

Man könnte sich in Aal aalen …

Auf der Seenplatte ißt man Aal. Hier ein uraltes Rezept für marinierten Aal: „Die abgezogenen, gereinigten und in Stücke geschnittenen Aale werden mit Salz bestreut, worin man sie eine Stunde lang liegen läßt. Sodann giebt man sie in ein Gefäß mit ziemlich viel Zwiebel, ein paar Lorbeerblättern und etwas Nelkenpfeffer und gießt so viel Essig darauf, daß sie davon bedeckt sind. Hierin kocht man sie in 1/4 Stunde bis 20 Minuten gar und serviert sie entweder warm oder thut sie zum Erkalten mit der Brühe in einen Glashafen, den man bis zum Gebrauch zudeckt.“

Das Schloß von Güstrow ist eine Augenweide.

AUSKUNFT

Waren (Müritz)-Information, Nationalpark-Service, Neuer Markt 19, 17192 Waren (Müritz); Tel. und Fax: 03991/4172

ÜBERNACHTEN

Krakow am See

Es gibt im Ort, direkt am See gelegen, einen Campingplatz.

Röbel

Hier gibt es viele Campingplätze. Empfohlen werden kann der Campingplatz „Pappelburg“ in der Seebadstraße 38A. Er liegt direkt am See und hat schöne Stellplätze.

Waren

Im Umkreis von Waren befinden sich mehrere Campingplätze: Einer liegt südlich von Waren, auf der östlichen Uferseite der Binnenmüritz im Warener Stadtforst Tannen; der andere befindet sich am westlichen Ortsende von Waren an der Binnenmüritz.

Zislow

Man erreicht den Ort von der Autobahnausfahrt Waren auf Nebenstraßen. Im Ort sind die beiden Campingplätze ausgeschildert. Zu empfehlen ist der Campingplatz „Zwei Seen“. Er liegt sehr schön direkt am See; die Einrichtungen sind neu.

PARKEN

Malchow

Parken kann im Ort schwierig werden; man sollte rechtzeitig außerhalb des Stadtkerns einen Parkplatz suchen.

Waren

Die Parkplätze sind ausgeschildert. Entweder läßt man das Wohnmobil vor dem Ortskern stehen oder man versucht sein Glück direkt am Marktplatz.

HIGHLIGHTS

Ankershagen

* Heinrich-Schliemann-Museum (Öffnungszeiten: Di-So 10–16 Uhr)

Malchow

* Agrarhistorisches Museum (Öffnungszeiten: tägl. 9–18 Uhr). Das Museum liegt außerhalb von Malchow in Alt-Schwerin (auf der B 192 Richtung Goldberg).

Penzlin

* Burg mit Johann-Heinrich-Voss-Gedenkstätte

Röbel

* Marienkirche (Aussicht!)

Waren

* Altes und Neues Rathaus
* Müritz-Museum (Öffnungszeiten: Di-Fr 9–18 Uhr, Sa und So 9–12 und 13.30–17 Uhr). Das Museum geht auf die älteste naturhistorische Sammlung Mecklenburgs, das Maltzaneum, zurück.
* Weinbergschloß mit Wossidlo-Gedenkzimmer

Güstrow, Schwerin und Wismar

„Im Tal der Nebel, an der Kreuzung der Landstraßen aus der Mark Brandenburg nach Rostock und von Lübeck nach Pommern, gründete Fürst Heinrich Borwin II. von Rostock ...“ 1226 den Ort Güstrow. Bereits zwei Jahre später erhielt er die Stadtrechte.
1556 wurde Güstrow Residenz der Herzöge von Mecklenburg-Güstrow.

Als 1708 die Herzogslinie ohne einen Erben blieb, kam das Hof- und Landgericht, die höchste juristische Instanz Mecklenburgs nach Güstrow. Im 19. Jahrhundert begann die Industrialisierung in einem allerdings bescheidenen Maße.
Michael Franck (um 1590) verdanken wir recht anschauliche Reiseberichte aus Pommern und Mecklenburg. Ihm gefiel Güstrow nicht sonderlich: *„ ... bin ich in dem Städtlein herumgegangen und mich darinnen besehen. Ist ein kleines und ziemlich gebauetes Städtlein gewesen, davon nicht sonderlich viel zu schreiben, denn wo man Schilff und Rohr aufdecket, wendet man auf die Gebäude auch nicht viel ...“* Doch fand er großen Gefallen an einer Güstrower Tradition: *„Dieses kleine Städtlein hat ein treffliches gutes Bier gebrauen und geben, als Knisenack ... genenndt; ... ist ein starckes, trübes Bier, wie Lehmjauche, aber ein gewaltiger Kopfreißer, man darf es nicht viel trinken, so kriechets einen in Nacken und stöst einen gar darnieder.“*

Der Marktplatz gehört zur Fußgängerzone. Die Fassaden klassizistischer Bürgerhäuser verleihen dem Platz einen sehr geschlossenen, wenngleich strengen Charakter. Mitten auf dem Marktplatz stehen die Stadtkirche (1503–1522) und das Rathaus, das einst aus vier Giebelhäusern entstanden ist, dicht beieinander. 1796 setzte man dem Ensemble der Giebelhäuser eine Louis-Seize-Fassade vor, die es zu einem harmonsichen Ganzen macht. Am zweiten Platz, dem Domplatz, erhebt sich der Dom, das älteste Güstrower Gebäude. Es wurde 1226 gestiftet und 1375 zunächst vollendet. Aber immer wieder fügten viele Baumeister An-

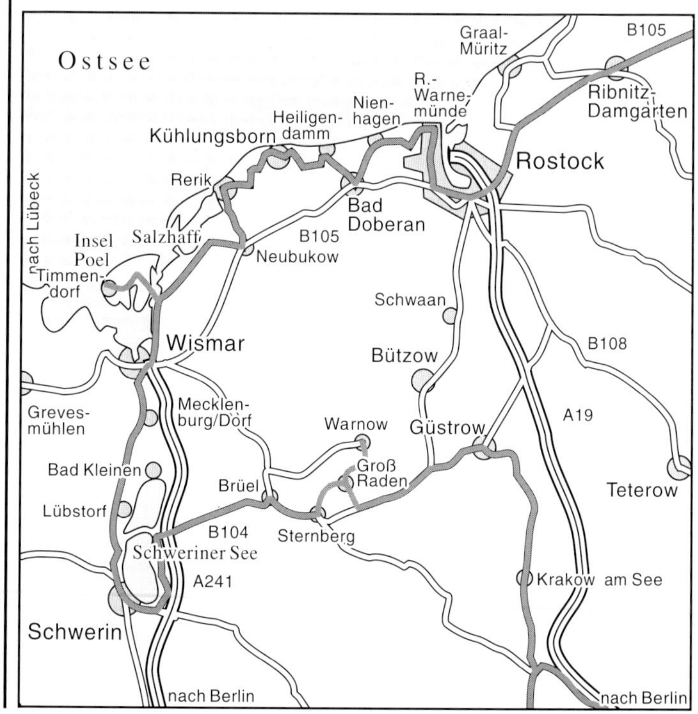

Im Garten der Gertruden-Kapelle stehen eindrucksvolle Skulpturen von Ernst Barlach.

bauten hinzu. Backstein erwartet uns, komponiert und grazil gestaltet. Gespannt betreten wir den Dom. Die wertvolle Innenausstattung überrascht uns. Um 1500 entstand der spätgotische Flügelaltar, reich an Schnitzfiguren und bildlichen Darstellungen. An den Langhauspfeilern stehen die zwölf Güstrower Dom-Apostel. In der Nordhalle befindet sich der „Schwebende" von Ernst Barlach. An dieser Stelle muß bekannt werden: Wir haben dieses wohl eindrücklichste Kunstwerk von Ernst Barlach nicht gesehen. Es war entfernt worden. Von Streitigkeiten mit der Familie wurde uns berichtet, mehr wissen wir nicht.

Der „Schwebende" und seine Geschichte

1926 wurde der Plan gefaßt, einen Gedenkstein für die Gefallenen des 1. Weltkriegs zu errichten. Man wollte zunächst einen Findling auf den Domplatz stellen. Der Superintendent von Güstrow bat den bekannten Künstler Barlach um seine Meinung. Barlach war der Ansicht, daß ein Findling gegenüber diesem gewaltigen Bauwerk kleinlich sei. Er schlug vor, im Gewölbe des Seitenschiffes eine schwebende Figur anzubringen, die „ganz in sich geschlossen und das Höchste von Konzentration darstelle". Zu dem Vorschlag wurden Gutachten eingeholt. Einer der Gutachter, Professor Bruhns urteilte über Barlach folgendermaßen: „Barlach ist einer der ganz wenigen eigenen, echten, innerlich und starken Gestalter der Gegenwart. Kein zweiter zur Zeit in Deutschland lebender Bildhauer gewinnt bei allen Kennern ein so gefestigtes und allgemeines Ansehen. Nur Unkenntnis oder Böswilligkeit

kann seinen bildhauerischen Arbeiten Dilettantismus nachsagen.“
1926 erging der Auftrag der Stadt Güstrow an Ernst Barlach, bereits am 29. Mai 1927 wurde im Gottesdienst die Einweihung des Denkmals gefeiert.
„Mein Bronze-Engel hängt unter dem Domgewölbe und tut es so bewegungslos, als täte er's schon hundert Jahre.“ (Ernst Barlach)
Im Jahr 1933 setzte die Hetze gegen Barlach ein. Öffentlich wurde behauptet, das Ehrenmal sei eine offene Verhöhnung dessen, was sich ein gesunder Deutscher unter einem Kriegerdenkmal vorstelle. 1936 fiel der „Schwebende“ dem Führererlass über die Entfernung entarteter Kunst zum Opfer. Der Engel wurde zuerst im Stephanusstift in Schwerin, später in der Autogarage des Landesbischofs eingelagert und landete schließlich auf dem Schrottplatz.
Die Freunde Barlachs hatten einen Zweitguß in der Lüneburger Heide versteckt; nach dem Krieg erhielt er in einer Kölner Kirche einen angemessenen Platz. Einen davon abgenommenen Drittguß schenkte die Kölner Kirchengemeinde der Stadt Güstrow. Seit 1953 schwebt die Figur im südlichen Seitenschiff des Doms. Die Nordhalle war nach dem Krieg als Winterkirche umgestaltet worden.

Der dritte wichtige Platz ist der Franz-Parr-Platz vor dem Schloß. Das Schloß zählt zu den bedeutenden norddeutschen Renaissancepalästen und wurde bereits 1558 vierflügelig mit fünf Geschossen erbaut. Der Bau war klar gegliedert, verziert durch unzählige Schmuckvarianten: Säulen, Vasen und Türme. Erstaunt ist der Besucher, wenn er durch das Torhaus das Schloß betritt und im Hof steht. Da gibt es nur drei

In der Gertruden-Kapelle sind die Werke von Ernst Barlach ausgestellt – man hätte keinen angemesseneren Ort finden können.

Flügel, nach hinten bricht das Gebäude einfach ab. 1795 wurde der vierte Flügel abgerissen und da die Güstrower Linie der mecklenburgischen Herzöge ausgestorben war, verfiel das Schloß. Mittlerweile wurde es renoviert. Im Schloßmuseum erfährt man Wissenswertes über die Regional- und Schloßgeschichte.
Am Franz-Parr-Platz steht das Ernst-Barlach-Theater, 1828 erbaut und damit eines der ältesten Theaterbauten Mecklenburgs. Neben dem Schloßmuseum lädt das Stadtmuseum zu einem Besuch ein: Alltagsgegenstände im Wandel der Jahre könnte man die Ausstellung benennen.

In Güstrow ist der Name Barlach allgegenwärtig. Die Gertruden-Kapelle im Westen der Altstadt ist samt dem sie umgebenden Friedhof Barlach-Gedenkstätte. Die ehemalige Kapelle (1430) und der alte Friedhof, beide mit Werken von Barlach geschmückt, strahlen Ruhe aus. Die Exponate besitzen viel Ausdruckskraft.

Ernst Barlach

1870 wurde Ernst Barlach in Holstein geboren; 14 Jahre später starb der Vater und die Mutter zog mit den Kindern in den Hamburger Raum. In Hamburg besuchte Ernst Barlach die Schule. Dann zog er hinaus in die Welt, lernte in Dresden, Paris und Berlin. Ab 1901 arbeitete er an den ersten Porträts, Reliefs, Plaketten. Er reiste viel: Polen, Rußland, Berlin, Italien; 1910 siedelte er schließlich nach Güstrow über. Bis

Der Marktplatz von Schwerin präsentiert sich in hanseatischer Vornehmheit.

zum Beginn des ersten Weltkriegs entstanden zahlreiche bedeutende Holzskulpturen (Der Einsame, Drei singende Frauen, Die Vision ...)
Der erste Weltkrieg veränderte sein Leben grundlegend. Seine Arbeiten zeigten von nun an die Schrecken des Krieges (Grablegung, Frierendes Mädchen, Auferstehung). Er erarbeitete ein Kruzifix für Soldatenfriedhöfe.
Seine künstlerischen Leistungen wurden zunehmend anerkannt. Er erhielt den Kleist-Preis, er wurde Ehrenmitglied der Münchener Akademie der Künste. 1931 bezog er sein Atelierhaus am Güstrower Heidberg.

Bereits in dieser Zeit wurde er von reaktionären Kreisen heftigst befeindet, die seine Werke nicht national genug fanden. Der Krieg wurde nicht verherrlicht, das Deutschtum nicht richtig (?) interpretiert. 1937 wurde er eingereiht in die Kategorie der entarteten Künstler; seine großen Kunstwerke wurden abgebrochen, verschrottet. Nur ein Jahr später starb er. Die Rehabilitierung sollte er nicht mehr erleben.

Südlich der Altstadt befindet sich das Atelierhaus von Ernst Barlach (am Heidberg). 1931 bezog er das neu erbaute Atelierhaus, abseits vom Stadtlärm. Bis zu seinem Tod lebte und arbeitete er hier. Es war sicherlich eine nicht einfache Zeit; stand er doch im krassen Gegensatz zu den reaktionären Kräften Nazideutschlands. Seit 1978 ist das Haus für Besucher zugänglich. Über 100 Plastiken zeigen eindrücklich sein künstlerisches Schaffen in der Umgebung, in der sie auch entstanden sind.

Viel Zeit nehmen wir uns in Groß Raden, um den Spuren des slawischen Stammes der Warnower, der zu den Obotriten gehörte, zu folgen. Auf einer Halbinsel des Binnensees befand sich schon im 10. Jahrhundert eine slawische Tempelanlage, die teilweise rekonstruiert wurde und heute zu besichtigen ist. Das archäologische Freilichtmuseum mitten im Wald am kleinen See ist geradezu ideal für einen Ausflug in die alte Geschichte. Im Museumsbau am Eingang lassen wir uns zunächst die Geschichte der Slawen nahebringen; wir erfahren viel über ihre Sitten und Gebräuche und ihre Religion. Dann gehen wir durch den Wald zu dem mit Palisaden bewehrten Slawendorf. Einige Wohnhütten wurden nach Überlieferungen aufgebaut. Wir können Handwerkszeuge anschauen und ausprobieren, Körner zu Mehl zerreiben und einen Erdbackofen bestücken. Besonders beeindruckend ist das runde Heiligtum auf einer Halbinsel, ein aufgeschichteter Erdwall, ebenfalls von einem Palisadenzaun umgeben. Betritt man das Rund, ist man erstaunt: Es ist leer. Einst stand in der Mitte ein Heiligtum, über das man jedoch nicht mehr viel weiß. Davor wurden Opfer gebracht. Das Heiligtum diente gleichzeitig als Befestigungsanlage. Im Notfall konnten sich die Dörfler hierher zurückziehen.

Von Groß Raden ist es nicht weit bis Sternberg. Das Wahrzeichen des Ortes, die imposante Backsteinkirche (St. Maria und St. Nikolaus), ist bereits aus der Ferne zu sehen. Sie ist eine frühgotische Backstein-Hallenkirche mit einem quadratischen Turm (Baubeginn gegen 1300). Die Mühe der Turmbesteigung lohnt sich, denn weit schweift der Blick über den Ort und die Umgebung. Die Häuser von Sternberg sind wesentlich jünger als die Kirche. Immer wieder haben Brände die Ansiedlung in Schutt und Asche gelegt, das letzte Mal im 18. Jahrhundert. Sehenswert ist heute das Mühlentor, das letzte Zeugnis der mittelalterlichen Befestigungsanlage. Gleich in der Nähe, Mühlenstraße 6, im ältesten Bürgerhaus des Ortes, erfahren wir im Heimatmuseum, daß vom 15. Jahrhundert bis 1918 der mecklenburgische Landtag in Sternberg abgehalten worden ist. Auf diese Facette der Stadtgeschichte ist man selbstverständlich stolz. Und natürlich lassen wir uns über den „Sternberger Kuchen" aufklären. Nein, ihn kann man nicht essen. Es handelt sich um Gesteinsbrocken mit eingeschlossenen versteinerten Tieren und Pflanzen, die man in der Umgebung Sternbergs häufig findet.

Wir nähern uns der Landeshauptstadt Schwerin. Ehe wir uns auf sie einlassen, verweilen wir in Schwerin-Mueß, dem schön in einer Bucht des Schweriner Sees gelegenen Vorort. In den vergangenen Jahrhunderten hat sich in Mueß nicht viel verändert, so daß man mit wenig Aufwand aus einigen Gebäuden ein authentisches Freilichtmuseum schaffen konnte. Mittlerweile sind in Mueß eine ganze Anzahl von Bauten hinzugekommen, so daß das mecklenburgische Dorfleben umfassend dargestellt werden kann. Eine Mühle, ein Gasthof, reiche Bauernhäuser mit Gärten, Katen und kleine Hütten, alles fügt sich zu einem großen Dorfensemble zusammen. Die Einrichtung läßt Rückschlüsse auf die Lebensweise der Bauern zu. In einem Bauerngarten kann man die gebräuchlichen Kräuter und Gewürze studieren.

Schwerin, die Hauptstadt des Bundeslandes Mecklenburg-Vorpommern, liegt im mecklenburgischen Stammland. Wir wollen innehalten und über „die Mecklenburger" reden. Es ist schwer, mit ihnen Kontakt zu bekommen. Dieses recht verschlossene Völkchen ärgert sich über die Touristen in ihren großen Wohnmobilen, die die Innenstädte blockieren. Was war es doch früher gemütlich ... Bodenständig sind die Menschen; die neuen Zeiten haben sie wohl noch nicht verinnerlicht.
Johann Kaspar Riesbeck, ein Aufklärer, urteilte (1780) über die Mecklenburger sehr positiv. *„Die mecklenburgischen Bauern sind ein schöner und starker Schlag Menschen. Ihr lockichtes und blondes Haar erinnert den Reisenden an die alten Germanier ... Alle Bauern in Mecklenburg sind zwar Leibeigne; allein ihr Schicksal ist eben so hart nicht, weil der Adel menschlich, aufgeklärt und sehr gesittet ist."*

Schwerin ist eine freundliche Stadt
Das Stadtgebiet von Schwerin war bereits in der Mittleren Steinzeit besiedelt. Etwa im 8. Jahrhundert ließen sich Slawen nieder; die Obotriten erkannten die strategische Bedeutung der heutigen Schloßinsel und erbauten ihre Hauptburg darauf. 1160 zog Heinrich der Löwe gegen die befestigte Ansiedlung. Die Slawen zogen sich zurück, hinterließen verbrannte Erde. Heinrich der Löwe ließ die Burg auf der Insel neu aufbauen. Er gründete Schwerin als erste deutsche Stadt östlich der Elbe. Grafensitz war die Stadt, Zentrum eines Bistums und Residenz der Großherzöge von Mecklenburg-Schwerin, schließlich auch noch Landeshauptstadt von Mecklenburg-Vorpommern.

Der Schriftsteller Heinrich Seidel berichtet 1894: *„Was nun Schwerin selbst*

Ein Blick in die ältere Vergangenheit: eine slawische Siedlung bei Groß Raden.

betrifft, so ist es eine freundliche, garten- und wasserreiche Stadt, mit zum Teil sehr schönen öffentlichen Gebäuden, unter denen das großherzogliche Schloß, herrlich auf einer kleinen Insel zwischen dem Burgsee und dem Großen See gelegen, bekanntlich weltberühmt ist . . .“

Aus der Ferne wirkt das Schloß märchenhaft; auch vom Schloßpark hat man einen schönen Blick. Je näher man dem Schloß allerdings kommt, desto mehr Verzierungen fallen auf, die den Bau nicht verschönern, sondern eher unruhig wirken lassen. Da gibt es allein 15 unterschiedliche Türme und Türmchen, eine Vielzahl von spitzen und flachen Dächern, zwiebelförmige Abdekkungen und Prunkkuppeln. Seit dem 16. Jahrhundert haben Baumeister das Schloß verändert, verschönert und ergänzt. Es kann selbstverständlich besichtigt werden, was viele Besuchergruppen gerne wahrnehmen; ein Strom von Wißbegierigen fließt durch Thronsaal, Ahnengalerie, Bibliothek, Speisesaal, Silvestergalerie, Winter- und Tee-

Ein Blick in die jüngere Vergangenheit: das Freilichtmuseum in Schwerin-Mueß.

zimmer ... Wer erschöpft ist, möge sich in der Beletage im Schloßcafé erholen. Wer sich für die Frühgeschichte Mecklenburgs interessiert, sollte das im Schloß eingerichtete Museum für Ur- und Frühgeschichte besuchen.

Altstadt mit Sinn für Fußgänger

Das „touristische" Schwerin von heute beginnt gleich hinter der Brücke zur Altstadt. Zunächst gelangt man zum Alten Garten, dem größten Platz der Landeshauptstadt. Er könnte auch der schönste Platz sein, wenn man nicht den gesamten Durchgangsverkehr darüber leiten würde. Am Alten Garten steht das Staatstheater, ein repräsentativer Bau im Stil der Neorenaissance, neben der Gemäldegalerie mit einem säulengeschmückten Portikus und einer breiten Freitreppe.

Wir wenden uns stadteinwärts dem gewachsenen Mittelpunkt der Altstadt zu. Der Markt mit dem Altstädtischen Rathaus ist von hohen Bürgerhäusern umgeben; schlichte, auch schön geschmückte Giebel weisen auf den Markt. Wir blicken genau auf das Neue Gebäude, 1783 als Markthalle erbaut. Der klassizistische Bau mit den 14 dorischen Säulen wirkt reichlich eigenwillig. Er wird heute für Ausstellungen genutzt. Dahinter erhebt sich der Dom, das markanteste Gebäude der Altstadt. Doch zuerst wenden wir uns zum Rathaus. Der Gebäudekern stammt wohl aus dem 14. Jahrhundert; 1835 wurde zum Markt hin eine Fassade im Stil der Tudorgotik vorgesetzt. Im Rathaus befindet sich ein Durchgang zum Schlachtermarkt; einst verkauften hier die Metzger ihr Fleisch. Lange Zeit war der Platz verwaist und verkam. Heute wird wieder fast jeden Tag Markt abgehalten. Obst, Gemüse und Souvenirs kann man erstehen.

Der Markt und die Schmiedestraße bis zum Marienplatz mit dem Neuen Rathaus bleibt Fußgängern vorbehalten. Die Gebäude in der Fußgängerzone erstrahlen bereits im neuem Glanz, aber in den Seitenstraßen sieht es noch düster aus. Doch in Schwerin kann man die kleinen Gassen meiden, in der Fußgängerzone bieten nette Läden, in denen man gut einkaufen kann, ein anderes, freundliches Flair. Wir lassen uns beim Bummeln davon anstecken und hoffen, daß in einigen Jahren der Schwung auch in die Seitengässchen vordringen wird.

Will man sich einen guten Überblick verschaffen, begebe man sich in den Dom. Der Dom selbst ist ein schönes Zeugnis für die norddeutsche Backsteingotik. Er besitzt einen 117,5 Meter hohen Turm, der es uns angetan hat. Wir steigen hoch und genießen von dort einen wunderbaren Blick über die Stadt. Sofort fällt uns die Besonderheit Schwerins auf: Das Blau der Seen beherrscht das Stadtbild; kleinere und größere Wasserflächen durchziehen, umgeben zu allen Seiten die Stadt. Wir sehen den Pfaffenteich, den einzigen künstlich angelegten See der Stadt. Er wurde im 12. Jahrhundert als Wasserreservoir für eine Mühle angelegt. Später bedienten sich die Geistlichen des Teiches. Sie verwendeten ihn als Fischweiher. Über den Pfaffenteich fährt regelmäßig eine Personenfähre. Vom Domturm aus sehen wir das Schiffchen kreuzen und betrachten in aller Ruhe die schmucken Gevierte der Altstadt; von hier oben bleibt der Verfall gnädig verdeckt. Ein Blick noch hinüber zum Schloß, dann steigen wir wieder abwärts.
Schwerin hat einen hohen Freizeitwert, in erster Linie durch den Schweriner See, der sich nach Norden hin erstreckt. Kein Wassersportwunsch bleibt an seinen Ufern unerfüllt.

Auch in Schwerin ist Aal beliebt
Es gibt dieses Mal gebratenen Aal:
„Der gehörig zubereitete Aal wird mit Salz bestreut und bleibt darin eine Stunde stehen. Sodann paniert man die Aalstücke und brät sie in hellbrauner Butter in einer Pfanne gar, was nach der Größe der Aale 10 bis 20 Minuten erfordert. Man richtet dieselben entweder mit der Butter an oder reicht eine braune Capernsauce dazu oder legt die Aale, nachdem sie erkaltet sind, in Essig, welchen man mit Nelkenpfeffer und Lorbeerblättern aufgekocht hat und wieder hat kalt werden lassen.“

Als moderner „Sensationsort“ hat sich Bad Kleinen am Nordufer des Schweriner Sees gemausert. Es sollen noch immer Touristen zum Bahnhof kommen und nach Patronenhülsen suchen... Besser beraten ist, wer sich an der Promenade erfreut.

Pate für einen Namen:
Dorf Mecklenburg
Von diesem Dorf übernahm das Land seinen Namen. Castrum Michelenburg hieß einst der Königssitz der Obotriten. Lediglich einen Hügel kann man noch finden; darüber reihen sich heute die Gräber eines Friedhofs. Außer einer Tafel deutet wenig auf die einstige slawische Besiedelung hin. 995 wurde die Festung Mecklenburg erstmalig erwähnt – man nennt dieses Jahr die Geburtsstunde einer Landschaft.
Am Nordausgang des Dorfes befindet sich eine Holländer-Mühle. Sie wurde 1849 gebaut und war bis in die 50er Jahre des 20. Jahrhunderts in Betrieb.

Der Dichter August Heinrich Hoffmann von Fallersleben verfaßte für Mecklenburg eine Art Nationalpoem:
Old Meklenburg for ever!
Wir Meklenburger sind nur Herrn und Knechte,
Nichts als die Luft ist uns gemein,
Gleich sollten sein die Pflichten und die Rechte,
Wir sollten freie Bürger sein!

Freiheiten haben wir in großen Massen,
Wo aber ist die Freiheit, wo?
Wollt' Einer nur von seinem Vorrecht lassen,
So würden ihrer tausend froh.

Wir sprechen Deutsch und haben nie erfahren,
Was Fortschritt und Gemeinsinn ist.
Soll uns denn ewig Gott davor bewahren?
Sind wir denn reif zu keiner Frist?

Verblichener Glanz einer Hansestadt: Wismar

In Wismar ist noch viel zu renovieren und zu restaurieren. Markt und Fußgängerzone erstrahlen schon im neuen Glanz, aber in den übrigen Straßen warten die Häuser auf neue Farbe.
Bereits 1328 erhielt Wismar von Heinrich II. weitreichende Privilegien, die den Grundstock für den wirtschaftlichen Erfolg der Stadt legten. *„Wir, Heinrich von Gottes Gnaden ... bekennen und bezeugen ... daß man den Zoll zu Wismar, wie er hiernach beschrieben steht, ewiglich halten soll. Alles Schiffsbrückengut soll ledig und los sein und frei an allen Ecken unseres Landes ... Alle, die in Wismar Hering kaufen oder einführen, die sollen dafür zollen ....“* Vor gut 600 Jahren gehörte Wismar zu den Gründungsstädten der Hanse. Durch den Fernhandel kamen die Kaufleute in Wismar zu großem Reichtum, der sich noch heute im Stadtbild erahnen läßt. Aber Reichtum und Pracht gehören längst der Vergangenheit an. Die Werftindustrie steckt in der Krise, die Fischerei steht unter Kostendruck ...

Die alte Siedlung um die Nikolaikirche soll schon vor 1200 begonnen worden sein. Ab 1229 entwickelte sich die Stadt um die Marienkirche. Schließlich spricht man von der Neustadt, die ab 1250 um die Georgenkirche entstand. Um 1276 begann der Bau der Stadtmauer. Fünf Tore mit 30 Wiekhäusern gab es schließlich entlang der Befestigung, die bis ins 19. Jahrhundert hinein die Ausdehnung der Stadt bestimmte. In der zweiten Hälfte des 19. Jahrhunderts wurde Wismar Industrieort und blieb dies auch im 20. Jahrhundert. Und dann? Im Krieg zerstört, von den Engländern erobert, an die Russen abgetreten.
Wismar blieb nach dem Krieg nach Rostock der zweitwichtigste Werftstandort. Das könnte auch heute noch gelten. Doch niemand will neue Schiffe kaufen ...

Von der alten Stadtbefestigung steht nur noch das spätgotische Wassertor in seiner klassischen Schönheit zwischen Altstadt und Hafen. Der Alte Hafen hat noch Charakter. Ein großes Segelboot liegt an der Reede, es kann besichtigt werden. Morgen soll es auslaufen zur großen Fahrt über die Weltmeere. Eine Kapelle spielt Seemannslieder. Im Hafen ist Markt. Überall stehen Buden, in denen Ramsch angeboten wird. Aber auch Aal; in kleinen Öfen wird vor den Augen der Besucher der frisch gefangene Aal geräuchert. An den Kiosken kann man köstliche Aalsuppe essen.

Aalsuppe

„Ist der Aal sehr klein, so zieht man einfach die Haut ab, reinigt ihn inwendig und zerschneidet ihn in Stücke von halber Fingerslänge ... worauf derselbe in so viel Wasser und Essig, daß er oben davon bedeckt ist, mit einer Zwiebel, drei Gewürznelken und sechs Körnern

Nelkenpfeffer, einem Lorbeerblatt und etwas Aalkraut gar gekocht wird. Ferner kocht man zwei Theetassen voll frische grüne Erbsen mit ebenso viel in Würfeln geschnittenen Suppenwurzeln so wie davon abgesondert, fein gehackte Suppenkräuter nebst Majoran, Thymian, Salbai und Estragon in Bouillon gar. Endlich zerklüftet man ein Spint sorgfältig geschälte Birnen in Viertel, löst die Gehäuse heraus und kocht die Birnen in so viel Rothwein und Wasser, daß sie kaum davon bedeckt sind, mit Zucker und etwas ganzem Kanehl, bis sie weich sind. Den Aal nebst sämmtlichen anderen Zuthaten schüttet man sodann in die vorher geklärte, entfettete, mit einer gelben Mehlschwitze von acht Eßlöffeln voll Mehl seimig gemachte und mit 1/2 Flasche Weißwein ins Kochen gebrachte Bouillon, und läßt das Ganze noch, mit ein wenig Salz und 1/2 geriebene Muskatnuß gewürzt, eine halbe Stunde lang ganz langsam kochen. Kurz bevor es vom Feuer genommen wird, gißt man endlich noch 1/2 Flasche Johannisbeersaft hinzu". Wir haben sie versucht, sie wird wohl nicht unser Lieblingsgericht werden.

Am 15. April 1945 zerstörte ein alliierter Bombenhagel die Marienkirche und die Georgenkirche. Die Nikolaikirche blieb zwar unbeschädigt, aber sie bedarf dringend der Restaurierung. Mit 37 Metern Höhe ist das Mittelschiff eine bauliche Rekordleistung – und somit eines der höchsten Kirchenschiffe Deutschlands. Die Architektur im Inneren fasziniert. Alle Teile des Gotteshauses scheinen nur eine Botschaft zu vermitteln: Sie streben nach oben. Die Ausstattung stammt aus Spätgotik und Barock.

Eine Sage . . .

Der Taufstein stand eigentlich in der Marienkirche, aber nach deren Zerstörung wurde er in die Nikolaikirche gebracht. Das umgebende Gitter hat seine besondere Geschichte. Die Sage berichtet: 1540 liebte ein Schlossergeselle das einzige Töchterchen seines Meisters. Als er sich offenbarte, wies ihn sein Meister schroff zurück. Nur gegen 100 Goldgulden Mahlschatz wolle der Meister das Ansinnen überdenken. Aber der Geselle war arm. Da begegnete ihm ein feiner Herr, der ihn auf seinen Kummer hin ansprach. Er werde am anderen Morgen in die Werkstatt kommen und ein Gitter um den Taufstein bestellen, das aus einem Stück geflochten sein müsse. Niemand werde die Arbeit übernehmen. Da solle sich der Gesell dazu anbieten. Wenn er das Gitter vom Hahnenschrei bis ein Uhr nachts vollende, bekäme er 100 Goldgulden. Der Geselle wußte wohl, wen er da vor sich hatte, aber in seinem Kummer ging er auf den Handel ein. Er erhielt wie vorausgesagt den Auftrag und es gelang ihm, die Arbeit in der festgesetzten Zeit zu vollenden bis auf eine letzte Niete, die eingeschlagen werden mußte. Da schlug die Uhr eins und ein furchtbares Geheul ertönte. Der Gesell wurde bewußtlos. Als er wieder erwachte, lagen neben ihm die hundert Goldgulden und die letzte Niete. So blieb das Gitter unvollendet. Das eine Loch ist bis auf den heutigen Tag ohne Niete geblieben und der Gesell bekam die Meisterstochter zur Frau.

Es gibt noch viele spannende Sagen um die Nikolaikirche . . .

Jenseits des Stadtflusses ist das Schabbellhaus zu sehen, das liebevoll renovierte Haus des ehrwürdigen Ratsher-

Typische Häuserfassaden in der alten Hansestadt Wismar.

ren Schabbell. Heute ist darin das Museum für Stadtgeschichte untergebracht.
Die schmucke Krämerstraße ist Fußgängerzone und Einkaufsstraße - und natürlich bereits restauriert. Gotische Bürgerhäuser säumen sie. Wir kommen zum Markt.
Und von jeder Straßenecke fällt der erste Blick auf die Wasserkunst. Es ist ein kleiner tempelartiger Bau im holländischen Renaissancestil. Er diente der Stadt bis zum Ende des 19. Jahrhunderts als Versorgung mit Quellwasser. Durch Holzröhren wurde das Wasser mitten in die Stadt geleitet.
An der Nordseite des quadratisch angelegten Platzes steht das Rathaus im klassizistischen Stil. Auch sonst sehen wir viele prachtvolle Giebelhäuser an diesem Platz. Der einstige Hanse-Reichtum wird uns verständlich. Das älteste Haus der Stadt ist der „Alte Schwede", ein Haus, das durch seinen gotischen Treppengiebel ohnehin auffällt. Es ist mit Pfeilern und Lichtöffnungen verziert und die glasierten Steine geben der Fassade ein besonders prächtiges Aussehen. Der Name erinnert an die 150 Jahre Wismarer Geschichte, in denen die Stadt zu Schweden gehörte. Der „Alte Schwede" ist eine Gaststätte. Unter einer mächtigen Holzbalkendecke läßt es sich in der Atmosphäre eines hanseatischen Handelshauses (um 1380) gut speisen.

Die geräucherten Makrelen sind garantiert frisch.

In unmittelbarer Nähe des Marktes steht lediglich noch der Turm der 1945 stark zerstörten Marienkirche. Statt zu renovieren, hat man das Kirchenschiff vollends abgetragen und den Turm als Mahnmal stehen lassen.
Auf dem Weg zur Georgenkirche kommen wir am Fürstenhof vorbei, einem der bedeutendsten Gebäude in Wismar. 1553 wurde er im Stil der italienischen Renaissance erbaut. Die Fassade ist mit biblischen und antiken Szenen geschmückt. Im Fürstenhof sind das Stadtarchiv und das Gericht untergebracht.
Dann stehen wir vor der Georgenkirche. Sie ist seit 1945 Ruine. Jetzt bemüht man sich, die gotische Basilika wieder aufzubauen. Es wird aber noch einige Jahre dauern.

Noch eine Sage

Die Geschichte vom schönen Bleichermädchen von Wismar beginnt: „Vorzeiten kam es manchmal vor, daß unschuldige Mädchen verführt wurden ..." So geschah es einem Bleichermädchen, dem der Sohn eines reichen Kaufmanns Hoffnungen machte, ihm auch die Ehe versprach, bis das Mädchen den jungen Mann schließlich erhörte und sich an einem lauschigen Ort zur Liebe überreden ließ. Der junge Mann hatte aber sein Ziel erreicht und vernachlässigte das Mädchen. Immer seltener besuchte er sie. Er hatte unterdessen eine andere standesgemäße Partie in Aussicht. Das Bleichermädchen gestand ihm bei einem der selten ge-

wordenen Spaziergänge, daß sie von ihm ein Kind erwarte. Der junge Mann geriet in Panik. Spontan stieß er das Mädchen in ein tiefes Wasser, in dem sie ertrank.
Als man den Leichnam des Mädchens fand, dachte man, es handle sich um eine Selbstmörderin; so sollte sie in der Ecke des Friedhofs verscharrt werden. Als der Karren mit dem Leichnam durch die Straßen der Stadt gezogen wurde, erhellte sich das Innere der Nikolaikirche, ohne daß jemand die Lichter angezündet hätte, es ertönte herrliche Orgelmusik und alle Glocken im Turm läuteten. Die Menschen verstanden das Wunder und schlossen sich dem Leichenzug an. Am Grab gestand der Kaufmannssohn der lauschenden Menge sein Vergehen. Er wurde bald als Mörder vom Leben zum Tode befördert. Noch lange nach diesem Ereignis wurden an jedem Dienstag zu gegebener Zeit die Glocken der Stadtkirche geläutet im Andenken an das Bleichermädchen.

AUSKUNFT
Schwerin-Information, Am Markt 11, 19055 Schwerin; Tel. 0385/812314, Fax: 0385/864509.

ÜBERNACHTEN
Mecklenburg/Dorf
Man kann vor dem Hügel des Castrum Michelenburg bestens über Nacht campen. Es ist ruhig. Gegen 9 Uhr kommen die ersten Friedhofsbesucher, da sich hinter dem Hügel der Ortsfriedhof befindet.
Schwerin
Ein Campingplatz befindet sich in der Nähe der Autobahnausfahrt Schwerin-Süd. Weiterhin gibt es am Westufer des Schweriner Sees mehrere Campingplätze. Man folgt der Seestraße über Wickendorf nach Lubstorf. Auf dem Großparkplatz in Schloßnähe kann man gut übernachten, es gibt jedoch keine Versorgungseinrichtungen.
Wismar
Auf dem ausgeschilderten Großparkplatz in Wismar kann man gut über Nacht campen. Es gibt allerdings keine Versorgungseinrichtungen. Der nächste Campingplatz befindet sich bei Timmendorf auf der Insel Poel.

PARKEN
Schwerin
Ein ausgeschilderter Großparkplatz befindet sich in Schloßnähe. Von hier kann man zu Fuß durch den Schloßpark zum Schloß und dann in die Altstadt gehen.

HIGHLIGHTS
Groß-Raden
* Freilichtmuseum „Altslawischer Tempelort“ (Öffnungszeiten: Di-Fr 10–17.30 Uhr)

Güstrow
* Atelierhaus am Heidberg (Ernst-Barlach-Gedenkstätte; Öffnungszeiten: 9–12 und 13–17 Uhr)
* Domplatz mit Dom
* Ernst-Barlach-Theater
* Franz-Parr-Platz und Schloß mit Schloßmuseum (Öffnungszeiten: Di-So 9–12.30 und 13–17 Uhr)
* Gertruden-Kapelle (Ernst-Barlach-Gedenkstätte; Öffnungszeiten: 10–17 Uhr)

Schwerin
* Alter Garten mit Staatstheater und Gemäldegalerie
* Dom (Ausblick vom Turm!)
* Freilichtmuseum Schwerin-Mueß (Öffnungszeiten: Di-So 9–17 Uhr)
* Schloßinsel mit Schloß, Schloßmuseum (Öffnungszeiten: Di-So 10–17 Uhr) und Archäologischem Landesmuseum (Öffnungszeiten: Di-So 10–17 Uhr)
* Staatliches Museum Schwerin (Alter Garten; Öffnungszeiten: Di-So 10–17 Uhr)

Wismar
* Markt mit Wasserkunst und Rathaus

Ostseeluft – von Wismar bis Rostock

Gegenüber Wismar, der Wismarbucht vorgelagert, liegt die 37 qkm große Insel Poel. Sie ist ein beliebtes Ausflugsgebiet, was man allein schon am Strom der Autos bemerkt, die sich über die engen Inselstraßen quälen. Dazu haben die Strandorte (wahrscheinlich als Selbstschutz) vor ihren Toren Großparkplätze angelegt, auf denen man das Auto gegen eine horrende Gebühr parken muß. Einfach ganz für sich allein einen Blick auf das Meer zu werfen ist nicht möglich. Wir können daran wenig Freude finden ...

Weithin sichtbar ist in Kirchdorf, der Name weist darauf hin, die im 13. Jahrhundert erbaute Kirche mit den sie umgebenden Festungswällen. In den Sommermonaten wird Abendmusik geboten.

Timmendorf ist der berühmteste Strandort der Insel. Mit dem westdeutschen gleichnamigen Strand läßt er sich kaum vergleichen. In Timmendorf steht das eigentliche Wahrzeichen der Insel: ein 21 Meter hoher Leuchtturm aus dem Jahr 1872, von einer roten Kupferkuppel gekrönt. Er ist noch in Betrieb. Seit 1930 strahlt elektrisches Licht hinaus auf das Meer, zuvor brannten hier während der Nacht riesige Petroleumlampen. Der Strand ist bekannt für seinen feinen Sand. Flachster Ostseestrand ermöglicht es, bis zwanzig, dreißig Meter weit ins Wasser hineinzuwaten. Nicht unbedingt für Schwimmer zu empfehlen, dafür aber beliebt bei Familien mit kleinen Kindern.

Noch ein Strandort ist berühmt: Am Schwarzen Busch.

Wir finden, daß man auf die Insel gut verzichten kann ...

Auf der Rückfahrt werden wir von einer großen Schar schwarzer Schwäne überrascht, die ruhig auf dem See dahintreiben.

Entlang der Küste
Bei Wodorf gab es früher eine Künstlerkolonie. Bunte Vogelscheuchen geben

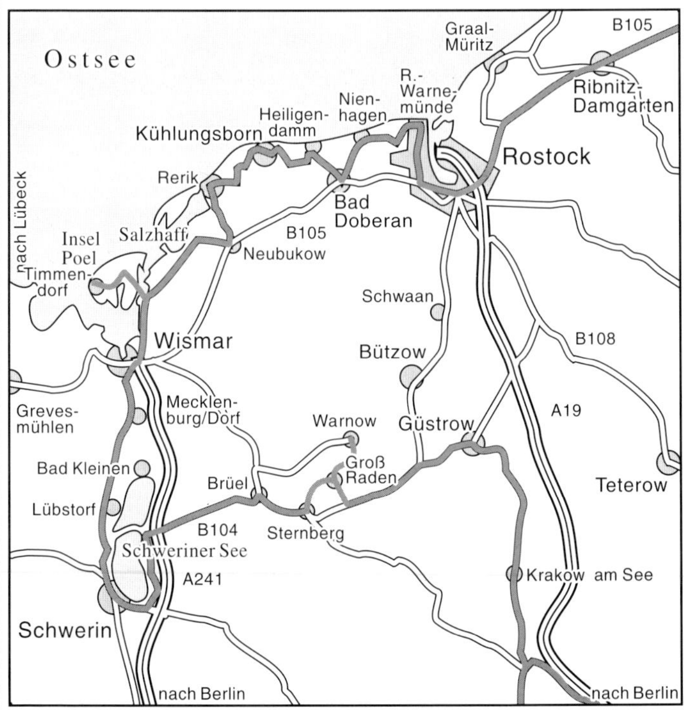

der Landschaft einige Kunstimpulse. In einem Kunsthaus kann man dort beheimateten Künstlern über die Schulter schauen.
Schöner finden wir manche abseits gelegenen Heidekaten; viele sind liebevoll restauriert und hergerichtet.

Die Bürger von Stove sind auf ihre alte Windmühle stolz. 1889 wurde sie von der Rostocker Mühlenbaufirma Hofwolt erbaut; bis 1976 mahlte der Müller in ihr Schrot und Mehl. Die 15 Meter hohe Mühle hat einen Flügelkranzdurchmesser von 22 Metern. Das technische Denkmal - heute ein Museum - kann man besichtigen. Einmal in der Woche ist Mahltag; dann klappern die Mühräder wie ehedem. Um die Mühle herum hat man einen Kunst-Park mit Plastiken eingerichtet, die einen schönen Kontrast zu der grünen, sanft welligen Landschaft bilden. Sie wurde einst von den Gletschern der Eiszeit geformt und hat bis heute ihre typischen Konturen behalten. Wir blicken über weite Felder bis auf die endlos erscheinende Wasserfläche der Mecklenburgischen Bucht.
In der Ferne sieht man ab und zu auch moderne Windmühlen. Langsam drehen sich ihre propellerähnlichen Windräder. Sie liefern lautlos Strom.

Noch eine Windmühle. Kein Wunder, wir fahren durch das Windmühlen-Land. Sie wurde 1910 in Neubukow erbaut. Man kann sie besichtigen und sich in einem gemütlichen Café niederlassen. Der Apfelkuchen ist zu empfehlen.
In Neubukow ist übrigens Heinrich Schliemann geboren. Eine Gedenktafel erinnert an den berühmten Sohn.

In Kühlungsborn kann man sich in altehrwürdigen Villen direkt am Strand einmieten.

Die Ostseebäder sind einander sehr ähnlich; sie bestehen aus einer Ansammlung von Einfamilienhäusern, die sich hinter einer windgepeitschten Düne ducken, aus einer kurzen Promenade und ab und zu einem Kurhaus. Attraktion ist jeweils der weite Strand.

Rerik ist eines dieser Ostseebäder, ein altes Bauern- und Fischerdorf, an der schmalsten Stelle zwischen Ostsee und Salzhaff gelegen. Hier tummeln sich die Wassersportler. Wenn der Wind die Ostseewellen zu sehr aufpeitscht, kann man sich immer noch dem ruhigeren Haffwasser zuwenden. Dort liegen schnittige Motorboote vor Anker.
Die Steilküste, die Rerik von der Ostsee trennt, steht unter Naturschutz. Sie ist bei Spaziergängern beliebt.
In Rerik steht eine der wichtigsten Kirchen entlang der Ostsee. Der frühgotische Backsteinbau wurde um das Jahr 1250 von der skandinavischen Königin Margaretha erbaut zum Dank an die Fischer von Rerik, die die Königin aus Seenot gerettet hatten. So berichtet jedenfalls die Sage.

Will man den Ostseestrand pur genießen, muß man eine der Stichstraßen wählen, die von der Hauptstraße (nach Kühlungsborn) zum Strand führen. Für den Camper ergibt sich mitunter das Problem, daß am Strand nicht immer ausreichend Platz zum Wenden bleibt. Im Sommer sind die Stichstraßen mit parkenden Autos verstellt.

Kühlungsborn, größtes deutsches Ostseebad

Eigentlich sind es drei Orte, die erst 1937 zusammengelegt wurden. Die Ortsgeschichte beginnt jedoch bereits um das Jahr 1200, in dem die Bürger den Grundstein zur Kirche legten. Badeort nannte man sich bereits 1857. Seitdem hat das Baden Tradition.
In Kühlungsborn gibt es einen sehr feinen und breiten Sandstrand. Viele Strandkörbe finden darauf Platz. Wie bunte Tupfer wirken sie bereits aus der Ferne. Entlang der Hauptstraße und der Promenade reihen sich weiß getünchte Villen aus der Gründerzeit. Wir spazieren die Promenade entlang und betrachten die prächtigen Herrschaftshäuser der Gründerzeit. Renoviert sind die meisten, neu gestrichen. Hotel- und Pensionsschilder hängen am Eingang. Kaum, daß man Unterschiede zu einem Nordseebad feststellen kann. Erst hinter den Kulissen der Promenade erblickt man anderes. Die Seitenstraßen zeigen den Verfall der letzten Jahrzehnte deutlich.
Bleiben wir am Strand bei den bunten Strandkörben. Wind kommt auf und treibt den Sand vor sich her als Vorbote eines Wetterumschwungs. Einige Hartnäckige verkrümeln sich in die Strandkörbe und hoffen darauf, daß sich die Sonne wieder blicken läßt . . .

Südlich des Ortes dehnt sich eine schluchtenreiche Waldung aus. Der Höhenzug erreicht sogar eine Höhe von bis zu 130 Metern. Dieser Wald trug den Namen „Kühlung“. Davon leitet sich Kühlungsborn ab.
Viele Ortsnamen in der Umgebung enden auf „-hagen“ (Steffenshagen, Lichtenhagen, Dietrichshagen). Diese Endung leitet sich von „Hag“ ab, was so viel wie Wald heißt. Weiterhin nehmen dies die Historiker als Beweis, daß die Orte deutschen Ursprungs sind. Sie wurden gegründet, nachdem die heidnischen Wenden das Land verlassen hatten, die von 500 bis 1300 in Meck-

lenburg siedelten. Dann begann die deutsche Ostkolonisierung. Aus diesem „heiligen“ Grund wurden auch mehrere Kreuzzüge unternommen. Der bekannteste Kreuzzug nach Osten kam um 1147 auf das Betreiben des Bernhard von Clairvaux zustande. Heinrich der Löwe, Herzog von Sachsen, und Albrecht der Bär, Markgraf von Brandenburg, befehligten das Heer. Sie vertrieben die Wenden. Deutsche Siedler kamen nach, rodeten den Wald und legten Dörfer an.

Mit der Molli nach Bad Doberan

Genau 15,4 km ist die Strecke lang, die die bereits „antike“ Dampflokomotive Molli nach Bad Doberan schnauft. 1886 wurde die erste Teilstrecke eingeweiht. Schon damals sollte sie ganz dem Vergnügen der Badegäste dienen: Sie dampfte nur im Sommer. Heute verkehren auf der Schmalspurstrecke mit der seltenen Spurweite von 900 mm täglich 13 Zugpaare. Am schönsten ist das Teilstück von Kühlungsborn nach Heiligendamm.

Heiligendamm ist die weiße Stadt am Meer

An einem Septembertag des Jahres 1793 treffen Friedrich Franz I., Herzog von Mecklenburg-Schwerin, und seine Begleitung am Heiligen Damm ein. Diener stellen ein Zelt auf, in dem sich die Herrschaften umziehen. Dann schreiten Ihre Majestäten in das Ostseewasser. Diesen Augenblick bezeichnet man als die Geburtsstunde der Badetradition in Deutschland.

Die Anregung kam von dem Rostocker Medizinalrat Samuel Vogel, der die Seeluft bei Erkrankungen von Atemwegs- und Hauterkrankungen verschrieb. Es sei bewiesen, so ließ er sich vernehmen, daß das Baden im Meer für viele *„Schwachheiten und Kränklichkeiten des Körpers“* heilsam sei. Mit dieser Einsicht war Vogel prädestiniert als Badearzt. Er blieb sich selbst bis zu seinem Tode (1837) treu – als Badearzt am Heiligen Damm.

Am Ende des 18. Jahrhunderts entstand ein einmaliges klassizistisches Ensemble, die „Weiße Stadt am Meer“. Die lateinische Inschrift am Kurhaus verspricht Freude nach dem Bade. Das Kurhaus ragt unter allen Gebäuden des Ostseebads heraus. Es ist ein zweigeschossiger Putzbau mit einer breiten dorischen Säulenhalle an der Seeseite (1814–1816). Das ist feinster norddeutscher Klassizismus.

Heiligendamm nennt sich „weiße Stadt“. Einst waren die Kurhäuser und die großzügigen Villen aus der Jahrhundertwende leuchtend weiß gestrichen. Die weiße Farbe ist teilweise abgeblättert und stumpf geworden; man könnte einmal nachhelfen.

Es ist Sonntagmorgen und die Kurkapelle spielt auf – das hören wir bis zu den Strandkörben am Meer. Sie bläst getreu dem Motto „Freude nach dem Bade“. Der Strand selbst ist gar nicht so schön. Was wir uns heute von einem Strand wünschen, spielte bei der Gründung des Badeortes kaum eine Rolle; im 18. Jahrhundert begaben sich die Menschen überhaupt nicht ins Wasser und noch Anfang dieses Jahrhunderts setzte man seinen gut verpackten Körper nur kurz dem Meerwasser aus. Erst seit einigen Jahrzehnten spielen Strand und Wasser eine größere Rolle.

In Bad Doberan weilte im Sommer Großherzog Friedrich Franz I.

Es nennt sich Kurort und Bad, liegt etwas im Hinterland: *„Dobberan ist ein* *regellos und meist neu erbauter Flekken von 2000 Seelen in einem lachenden Waldthale ... Außer den Gastwohnungen ist ein schönes herzogliches Schloß ... Dobberan (deutsch Schönstatt) verdient seinen Namen, die weißen Häuser, die Klosterruine und altgotische Kirche ... Man darf immerhin mit 1500 Gästen rechnen ...*" Karl Julius Weber hat 1825 in seiner „Reise nach Mecklenburg" den Ort bereits trefflich beschrieben.

Bad Doberan war Sommerresidenz des mecklenburgischen Großherzogs Friedrich Franz I. Nachdem der Herzog 1793 in Heiligendamm ein Seebad gegründet hatte, wurde auch Bad Doberan planmäßig als Seebad ausgebaut. Zahlreiche Wohn-, Kur- und Gesellschaftsbauten entstanden unter dem bedeutenden Baumeister Carl Theodor Severin. Von ihm stammt auch das Kurhaus in Heiligendamm. Der Architekt selbst wohnte von 1810 bis zu seinem Tod (1836) in Bad Doberan.

An die Blüte- und Prachtzeit des Seebades erinnern heute noch die Gebäude auf und um den Kamp. Im „Kamp", der dreieckigen Parkanlage mitten in der Stadt befinden sich der Weiße (1810–1813) und der Rote Pavillon (1808–1809). Hier ließ sich Carl Theodor Severin von chinesischen Formen inspirieren. Das wichtigste Gebäude Doberans ist das ehemalige Palais von 1809 (ebenfalls Severin) im klassizistischen Stil. Das heutige Hotel Kurhaus war früher Logierhaus und zugleich die älteste Hotelunterkunft für Badegäste an der Ostseeküste.

Geschichte des Bikini

Im Möckel-Haus ist das Stadtmuseum untergebracht. Mittelpunkt der Ausstellungen ist die Geschichte des Bä-

Auf den Straßen und Märkten der Ostseebäder ist für jeden etwas geboten.

derwesens. Die Besucher erfahren über Bade- und Kuranordnungen und können alte Badeutensilien betrachten. Eindrucksvoll ist eine historische Modenschau. Wir lassen uns über die Entwicklungsgeschichte des Bikinis aufklären.

Ein Höhepunkt der Backsteinbaukunst ist zweifelsohne das Münster von Bad Doberan. Nachdem 1291 der romanische Vorgängerbau abgebrannt war, wurde (bis 1368) auf seinen Mauern die hochgotische Basilika erbaut. Das mächtige Kirchenschiff mißt 76 Meter in der Länge und 26 Meter in der Höhe. Der Innenraum ist großzügig und weitläufig gestaltet. Bald stellen wir fest, daß wir uns in einer wahren Schatzkammer befinden, wertvolle Malereien, Holzfiguren, Schnitzarbeiten schmükken die Wände und Säulen. Der geschnitzte Flügelaltar stammt aus dem Jahr 1310. Auch das geschnitzte 11,60 Meter hohe Sakramentshaus (um 1370) ist eine Besonderheit.

Begegnung mit Ehm Welk

Bad Doberan bezeichnet sich als Heimat von Ehm Welk. Der Autor der „Heiden von Kummerow" verbrachte die letzten Jahre vor seinem Tod 1966 in dem heutigen Ehm-Welk-Haus. Die Ausstellung und seine eindrucksvolle Bibliothek geben Auskunft über sein Leben und Werk. Regelmäßig werden auch Autorenlesungen durchgeführt und neue Bücher vorgestellt.

Warnemünde ist ein lieblicher Ort

Warnemünde liegt an der Mündung der Warnow an der Ostsee. Seit 1323 gehörte der Ort bereits zu Rostock. Seine Bewohner betrieben anfangs nur Fischfang. Als der Baderummel modern

Warnemünde: Fachwerk dominiert in den Gassen, die Giebelfassaden sind vielfältig gestaltet.

wurde (ab 1817), mauserte sich der Ort schnell zum Seebad.
Johann Christian Friedrich Wundemann, „Doctor“ und schreibender Pastor, beschrieb Warnemünde noch vor der neuen Badeära (um 1800) folgendermaßen: *„Der dürre, unfruchtbare Sand, der die beiden Erdzungen füllt ... ferner die kleinen, spitzen Giebelhäuser, welche in zwey Reihen an der Westseite des Hafens stehen ... Die Gegend um Warnemünde hat übrigens, wie schon erwähnt, nichts anziehendes. Der Boden ist sandig und unfruchtbar, trägt kaum die nöthigen Gartenfrüchte, noch weniger Korn.“*
Die beschriebenen Giebelhäuser gibt es heute noch. Entlang des Alten Stroms erkennen wir zwei sich unterscheidende Häuserzeilen, die Giebelfronten streng nach Osten ausgerichtet. Im „Vörregg“ (Alten Strom) befinden sich die treppenartig zurückgestuften Häuser der vorderen Reihe, im „Achteregg“ (Theodor-Körner-Straße) folgen die ein wenig höher liegenden Fischerhäuser der hinteren Reihe. In vielen der ehemaligen Fischerhäuser wurden Restaurants eingerichtet. Was in ihnen wohl angeboten wird? Natürlich Fischgerichte. Wir empfehlen Matjes nach Hausmacherart.
Das Heimatmuseum ist in einem dieser typischen Fischerhäuschen untergebracht. Wir informieren uns über die Stadtgeschichte. Manche originellen Ausstellungsstücke vermitteln einen guten Eindruck vom einstigen beschaulichen Leben in Warnemünde.

Es ist gerade Sonntag als wir in Warnemünde sind. Da herrscht mehr Betrieb als wir uns vorgestellt haben. Die Rostocker pilgern gerne sonntags zur Warnow-Mündung. Am Hafen sind Verkaufsstände aufgebaut. Fisch, Geräuchertes, aber auch Kleidung, Spielzeug und allerlei Kram wird feilgeboten. Die Jahrmarktstimmung begeistert die Besucher.
Wahrzeichen von Warnemünde ist der Leuchtturm von 1898. Über 135 Stufen erreicht man die Galerie. Oben wird man mit einem herrlichen Ausblick belohnt. Wir sehen nur zu deutlich das andere Wahrzeichen der Stadt, das Hotel Neptun an der Promenade aus sozialistischer Zeit. Der Hotelblock wirkt teuer und häßlich.

Uns gefällt es gut in dem gemütlichen Warnemünde. Aber wir stellen auch fest, daß sich bereits ein gewisser Badeort-Snobismus eingestellt hat. Die Restaurantpreise sind ein geeigneter Gradmesser. Die Restaurants am Kai haben zumindest bei ihren Preisen Nordseeniveau erreicht. Preiswerter sind die Restaurants in der zweiten Straßenzeile, manchmal ist ihre Küche sogar besser.

In Warnemünde wurde der Strandkorb erfunden
Im Frühjahr 1882 fertigte der Hofkorbmacher Wilhelm Bartelmann in Rostock den ersten Strandkorb. Er erfüllte damit den Wunsch einer älteren Dame, die eine Sitzgelegenheit für den Strand suchte, die gleichzeitig als Schutz gegen Sonne und Wind verwendbar sein sollte. Die Erfindung schlug ein. Bereits ein Jahr später betätigte sich die Tochter Elisabeth Bartelmann als erste Strandkorbvermieterin an der Ostsee. Daneben führte sie ein Korbwaren- und Andenkengeschäft. Es florierte.
Strandkörbe gehörten von nun an zum unverwechselbaren Flair eines jeden Ostseebades.

Rostock, Stadt an der Warnow

Bereits Warnemünde liegt an der Warnow. Der Fluß verbindet den Badevorort mit der Stadt Rostock.

„Diese Stadt Rostock ist eine fürnehme und große Hauptstadt in mecklenburgischer Lande, liegt nach der Länge mit lautern von gebrannten Ziegeln Steinhäusern erbauet, sehr große starcke Gebäude nach der alten seestädtischen Art. In dieser Stadt hat es weite Gaßen und einen großen Marckt ...“, so beschreibt Michael Franck in „Reise eines fahrenden Schülers durch Pommern und Mecklenburg“ um 1590 die Stadt.

Davon bemerken wir zunächst nichts. Aus Warnemünde führt eine breite Autobahn nach Rostock hinein. Rechts und links säumen Satelittenstädte, unzählige Plattenbaukomplexe die Schnellstraße. Wir könnten Lichtenhagen besuchen, einen Stadtteil mit trauriger Berühmtheit. Allerdings könnte ein solcher Besuch auch mehr Verständnis für die Lebenssituation in solchen Siedlungen bringen. Es gehört eigentlich nicht zum touristischen Programm.

1160 wurde der Ort das erste Mal erwähnt: Roztoc; der dänische Geschichtsschreiber Saxo Grammaticus beschrieb unter diesem Namen die kleine Siedlung. Er berichtete auch, daß die Bürger wohlhabend waren und mancherlei Rechte besaßen. Ein Jahrhundert später, 1259, gründeten die Städte Lübeck, Hamburg, Wismar und Rostock den Hanse-Städtebund. Damit begann die Erfolgsstory. Der Handel brachte Geld ein, füllte die Kasse des Stadtkämmerers. 1323 kaufte die Bürgerschaft den Fischerort Warnemünde und kontrollierte damit den Verlauf der Warnow bis ins Meer. 1419 erhielt Rostock eine Universität. Die Bürger bauten ihre Stadt aus, immer mehr Patrizierhäuser bestimmten das Stadtbild.

Wohlstand erzeugte natürlich Begehrlichkeit. Ende des 15. Jahrhunderts versuchten die mecklenburgischen Herzöge, ihren Einfluß auf die Stadt zu verstärken. Die Bürger verloren diese „Domfehde“. Sie mußten in einem Erbvertrag die Hoheit der mecklenburgischen Herzöge anerkennen. Kriegen folgt der wirtschaftliche Niedergang. Der Dreißigjährige Krieg brachte Verwüstung mit sich, später auch noch der Nordische und der Siebenjährige Krieg. 1669 wurde die Hanse aufgelöst – ein einschneidender Schlußstrich.

Im 19. Jahrhundert erholte sich die Stadt wieder; die Wirtschaft konnte sich entwickeln. Resultat: 1870 hat man in den Stadtanalen festgehalten, daß Rostock mit 378 Schiffen die größte Flotte im Ostseeraum besitzt. Die Werftindustrie sonnte sich in der Hochkonjunktur. 1890 wurde die „Neptun Schiffs- und Maschinenfabrik Aktiengesellschaft“ gegründet.

Einen Rückschlag brachte natürlich der Zweite Weltkrieg mit sich. Da Rostock ein Zentrum der nationalsozialistischen Kriegsproduktion war, wurde die Stadt mehrmals von englischen Fliegerstaffeln bombardiert, die über 40 % der Stadt in Schutt und Asche legten.

Zügig entstand nach 1945 ein neues Rostock. Unter der DDR-Herrschaft wurde die Hafenstadt zum Zentrum der Seewirtschaft. Besonders die Werftenindustrie besaß eine große Bedeutung für den Staat.

Und heute? Rostock hat große wirtschaftliche Sorgen. Die Aufträge für die Werften, zu DDR-Zeiten häufig subventioniert, fehlen. Im Handel dominieren längst westdeutsche Städte. Doch vielleicht kommen wieder bessere Zeiten, in denen der Phönix aus der Asche ...

Wir lassen nochmals Michael Franck zu Wort kommen (um 1590):
„... *hat auch reiches und wohlhabendes Volck darinnen, doch nicht allso hoffärtig, wie zu Strallsunde, und mit ziemlicher Kleidung, reinlich, doch aber sonderlicher unbekannter Tracht, sonderlichen verstellen die Hücken das Weibsvolck sehr, welches sie über die Haupter ziehen und vor den Mantel brauchen* ...“

Die Lange Straße durchzieht als Hauptverkehrsader die Innenstadt. Man kann sich kaum vorstellen, wie diese Straße vor dem Krieg ausgesehen hat. Wohn- und Geschäftshäuser gaben ihr ein gefälliges, abwechlungsreiches Aussehen. Nach dem Krieg räumte man den Schutt beiseite und errichtete aus Ziegelsteinen Monumentalhäuser. Sie sollten Zeugnis ablegen für die Macht und Kraft der sozialistischen Epoche. Heute empfinden wir die Lange Straße schlicht als langweilig.
Ganz im Gegensatz dazu steht die Kröpeliner Straße, die wichtigste Fußgängerzone der Stadt. Viel Volk spaziert, promeniert, bummelt, Straßenmusikanten spielen auf und Clowns locken die Passanten in einzelne Läden. Die Kröpeliner Straße beginnt am Kröpeliner Tor, einem der vier Stadttore, die noch erhalten sind. (Einst gab es 22 Zugänge.) Ein Mittelpunkt ist der Universitätsplatz; früher fand hier der Hopfenmarkt statt. Das Universitätsgebäude ist ein bombastischer Bau im Stil der Neorenaissance. Auf dem Platz erinnert das Blücherdenkmal an Fürst

Die Marienkirche ist eine der mächtigen Kirchenbauten Rostocks.

Unter dem Chor der Nikolaikirche führt eine Gasse hindurch: „Unterm Schwibbogen“. Darüber befindet sich ein Bildnis des Heiligen Nikolaus.

Einer der Mittelpunkte Rostocks ist der Universitätsplatz.

Blücher, den legendären „Marschall Vorwärts“; er erblickte in Rostock das Licht der Welt. Das Denkmal wurde kurz vor dem Tod des Feldherrn errichtet – nicht ganz freiwillig. Ein „Spaßvogel“ hatte in einer Hamburger Zeitung berichtet, daß in Rostock demnächst ein Blücher-Denkmal enthüllt werden solle. Nichts davon entsprach der Realität, der Rat hatte noch gar nicht über ein Denkmal nachgedacht. Durch vielerlei Rückfragen aufgeschreckt, begann man Geld zu sammeln und gab das Denkmal in Auftrag.

Das Fünfgiebelhaus in der Kröpeliner Straße gilt allgemein als „gelungen“. Bei der normalerweise mangelnden Sensibilität sozialistischer Städtebauer können wir uns dem Urteil anschließen. Jede volle Stunde ertönt das Glokkenspiel davor.
Die Kröpeliner Straße endet am Markt, einem eigentlich sehr schönen Platz, würde er nicht als Parkplatz mißbraucht. Den Platz beherrscht das gotisch-barocke Rathaus; es entstand im 13. Jahrhundert durch die Verbindung von zwei Bürgerhäusern. Im Mittelalter diente das Rathaus in erster Linie als Kaufhaus. Da es noch keine Läden gab, quartierten sich die Handwerker und Kaufleute im Rathaus ein und bauten dort ihre Verkaufsstände auf. Der Keller wurde als Gefängnis genutzt. Auch eine Folterkammer gab es und den „Finkenbauer“, eine Art Ausnüchterungszelle.

Die Marienkirche beherrscht den Neuen Markt. Sie ist das größte und bedeutendste gotische Bauwerk in der Stadt und blieb sogar im Zweiten Weltkrieg weitgehend unbeschädigt. Ursprünglich (1260) sollte eine Hallenkirche erbaut werden, aber um 1290 änderte man die Pläne und gestaltete den Bau zur Basilika um. Die reiche Ausstattung verwirrt etwas in ihrer Stilvielfalt. Eine besondere Kostbarkeit ist

die reichlich kompliziert anmutende Astronomische Uhr.
Auf dem Platz vor dem Eingang zur Marienkirche wurden früher Ziegen und Schweine verkauft – deshalb auch der Name Ziegenmarkt. Sehenswert ist das Haus Nummer 4, ein Wohngebäude aus dem 16. Jahrhundert. Daneben befindet sich die Rostocker Münze, in der seit langer Zeit die Konditorei „Alte Münze" ihre berühmten Kuchen anbietet.

Durch die Krämerstraße und die Harte Straße erreichen wir den Alten Markt. Dieses Altstadtviertel ist reichlich heruntergekommen, der Restaurierungsbedarf offenkundig. Dort erhebt sich die Petrikirche, ab 1300 als dreischiffige Basilika ohne Querschiff erbaut. Der 117 Meter hohe Turm hat jahrhundertelang den Schiffern als Landmarke gedient. Auch an der Kirche nagt der Zahn der Zeit; sie wurde umgebaut, Zwischendecken und Zwischenwände eingezogen, um kleinere Räume zu schaffen.
Von der Petrikirche zur Nikolaikirche führt die Lohgerbergasse, ein historischer Straßenzug. Im Mittelalter bearbeiteten die hier lebenden Gerber ihre Felle mit Eichenlohe.
Die Nikolaikirche ist eine riesige Hallenkirche, mit deren Bau 1230 begonnen wurde. Im Zweiten Weltkrieg wurde die Kirche weitgehend zerstört. In kleinen Schritten machte man sich an die Renovierung. Im Turm richteten sich Mitarbeiter der Kirchenverwaltung auf acht Etagen Büros ein. Einmal in der Woche ist das Turmcafé geöffnet. Es bietet sich ein schöner Ausblick auf die Stadt. Die kirchlichen Mitarbeiter bieten Kaffee an, wir kommen schnell ins Gespräch …
In die mächtige Dachkonstruktion integierten die Renovierungsarchitekten 20 Wohnungen für Mitarbeiter und Gäste. Der Innenraum der Kirche steht sicherlich noch längere Zeit voller Gerüste. In einigen Jahren will man hier wieder Gottesdienste feiern.
Unter dem Chor der Kirche führt eine Straße mit alten Kopfsteinpflastern hindurch: „Unterm Schwibbogen". Im Torbogen fällt uns ein verwittertes Bildnis des heiligen Nikolaus auf.

Selzame Speisen

„Es sindt mir … mancherley selzame Speisen und frembde Getränke fürkommen, so ich vor der Zeit nicht gesehen, sonderlich von mancherley Seefischen, also von Meerschwein, das ist ein fettes, süßes, liebliches Eßen gewesen, tem frische Platteysen oder Schollen, wie sie des Landes genannt; Rochen, ein selzamer stattlicher Fisch mit einem langen Schwantze; frische Hering, ein gar süßer Fisch …" Was Michael Franck (1590) so verwunderte und was er gleichzeitig so gern aß, kann man heute noch in Rostock genießen: köstlich frischen, delikaten Fisch.

Zum Beispiel „gekochte Häringe":
„Den gereinigten Häringen schneidet man, vom Bauche ausgehend, die Köpfe schräg nach oben hin so weit ab, daß man das Auge noch mit fortnimmt und entfernt unter Zurücklassung von Milcher und Rogen die Eingeweide aus der hiedurch entstandenen Öffnung. Sodann wäscht man sie, stellt sie in kaltem Wasser mit Salz und einer Zwiebel auf das Feuer und bringt sie rasch in's Kochen. Sind sie ganz langsam gar gekocht, so richtet man sie mit einer Senf- oder holländischen Sauce an." Wohl bekomm's.

In der August-Bebel-Straße befindet sich das Schiffahrtsmuseum. Die Exponate zeigen sehr anschaulich die Schiffahrtsgeschichte von der im 13. Jahrhundert aufblühenden Hanse-Schiffahrt bis zur Gegenwart. Modelle historischer Schiffe zeigen die technische Entwicklung im Schiffbau. Eine Besonderheit ist die in Originalgröße aufgebaute Kommandobrücke eines Handelsschiffes .

Kultur- und Stadtgeschichte erleben wir im Kulturhistorischen Museum im Kloster Zum Heiligen Kreuz: Archäologie, Volkskunde, Malerei, Grafik und Plastik stehen im Vordergrund. Nebenbei besuchen wir die Klosteranlage mit der ehemaligen Klosterkirche. Das Kloster wurde von der dänischen Königin Margarete im Jahre 1270 gegründet. Später nahmen die Zisterzienser die Anlage in ihre Obhut.

AUSKUNFT

Rostock-Information, Schnickmannstr. 13/14, 18055 Rostock; Tel.: 0381/4590860, Fax: 0381/4934602

ÜBERNACHTEN

Im ganzen Küstenverlauf gibt es Stichstraßen, die an den Strand führen. Bereits auf der Hauptstraße sind Camperstellplätze, teilweise sogar mit Ent- und Versorgungsmöglichkeiten, angeschrieben. Die Küstenstrecke ist für den Mobilcamper ein ideales Gebiet.

Rerik

An der schmalsten Stelle zwischen Ostsee und Salzhaff befindet sich ein Camperabstellplatz. Die Lage ist ideal; Versorgungseinrichtungen sind jedoch nicht vorhanden.

Kühlungsborn

Im Westen von Kühlungsborn liegt, vom Strand nur durch eine Düne getrennt, ein Großcampingplatz. Er ist teuer, aber gut. Außerdem bietet sich auch der „Wohnmobilhafen" im Osten der Stadt an. Auf einem ehemaligen Parkplatz wurde ein Camperplatz geschaffen. Er liegt äußerst zentral.

Rostock

Es gibt in der Umgebung von Rostock keine Campingplätze. Westlich von Warnemünde liegt bei Nienhagen bzw. Börgerende der Campingplatz „Börgerende" unmittelbar hinter den Dünen der Ostsee.

PARKEN

Bad Doberan

Im Ort gibt es nicht allzu viele Parkplätze. Die besten Chancen hat man noch beim „Kamp". Sonst sollte man einen Parkplatz außerhalb der Innenstadt suchen.

Rostock

Parken kann zum Problem werden. Der Parkplatz am Neuen Markt ist meistens voll, als Camper hat man dort wenig Chancen. An der Warnow gibt es einen Großparkplatz und einen Busparkplatz. Von hier geht man zu Fuß ca. 10 min in die Innenstadt.

Warnemünde

Ganz Warnemünde ist für den Durchgangsverkehr gesperrt. Für Wohnmobile gibt es einen Großparkplatz am Ortsende bzw. am Beginn der Schnellstraße nach Rostock (sehr teuer!).

HIGHLIGHTS

Bad Doberan

* Ehm-Welk-Haus (Öffnungszeit: Mo-Fr 9.30–13.30 und 14–16 Uhr)
* Münster mit Parkanlage

Neubukow

* Schliemann-Denkmal

Rostock

* Kulturhistorisches Museum im Kloster Zum Heiligen Kreuz (Öffnungszeiten: Di-So 10–18 Uhr)
* Neuer Markt mit Marienkirche und Rathaus
* Schiffahrtsmuseum (August-Bebel-Str. 1; Öffnungszeiten: Di-So 9–17 Uhr)
* Universitätsplatz mit Universität

Warnemünde

* Alter Strom und Hafen

Die langgestreckte Halbinsel zieht sich zwischen Ostsee und dem Saaler Bodden hin. „Bodden“, die einzigartige Landschaft an der Ostsee mit schilfbewachsenen Ufern und stillen Buchten, wirkt wie eine glitzernde Kette von kleinen Binnenseen. Die Doppelstadt Ribnitz-Damgarten ist das Tor zu dieser besonderen Welt.

Fischland, Darß und Zingst

Der Organist von St. Marien spielt auf der Orgel. Wir hören aufmerksam zu. Die Stadtkirche ist eine dreischiffige Backstein-Hallenkirche, die im 13. Jahrhundert gebaut wurde. Ihre heutige Gestalt erhielt sie aber erst nach dem Brand von 1759.
Das Rathaus, ganz in der Nähe, ist ein zweigeschossiger klassizistischer Bau. Auf dem Markplatz zwischen Kirche und Rathaus drängen sich die Leute an den Buden. Ein paar Tische und Bänke sind aufgestellt – und voll besetzt. Auch wir nehmen Platz und lassen uns einen Broiler schmecken.
Wir können wahrlich nicht behaupten, daß es in Ribnitz-Damgarten aufregend sei. Da treffen Bezeichnungen wie „ruhig“ und „gelassen“ wohl eher zu – und „provinziell“ natürlich auch.
Ursprünglich entwickelten sich Ribnitz und Damgarten als voneinander unabhängige Orte. Dabei bedeutete der Name Ribnitz „Fischort“, der Name Damgarten „Eichenberg“. Zwischen Fischort und Eichenberg verlief die Grenze. Gehörte Ribnitz zum mecklenburgischen Land, so nannten sich die Bürger von Damgarten Vorpommern. Während sich Ribnitz stürmisch entwikkelte, sich industriell orientierte, blieb Damgarten bescheiden, ein Bauerndorf. 1950 faßte man die beiden Orte zur Kreisstadt Ribnitz-Damgarten zusammen.
Und was ist los in der Kreisstadt? Hinter stillen Klostermauern verbirgt sich eine Kostbarkeit der Ostsee. Die Touristen besuchen das weithin berühmte Bernsteinmuseum. Die Fundstellen des „Gelben Goldes“ werden auf Schautafeln erläutert. Wir erfahren viel über die Verarbeitung von Bernstein und erfreuen uns an den vielen Kunstgewerken. Auch heute noch ist die Bernsteinschnitzerei ein bedeutender Kunstzweig in der Kreisstadt. Wir erstehen kleine, aber kostbare Souvenirs. Das

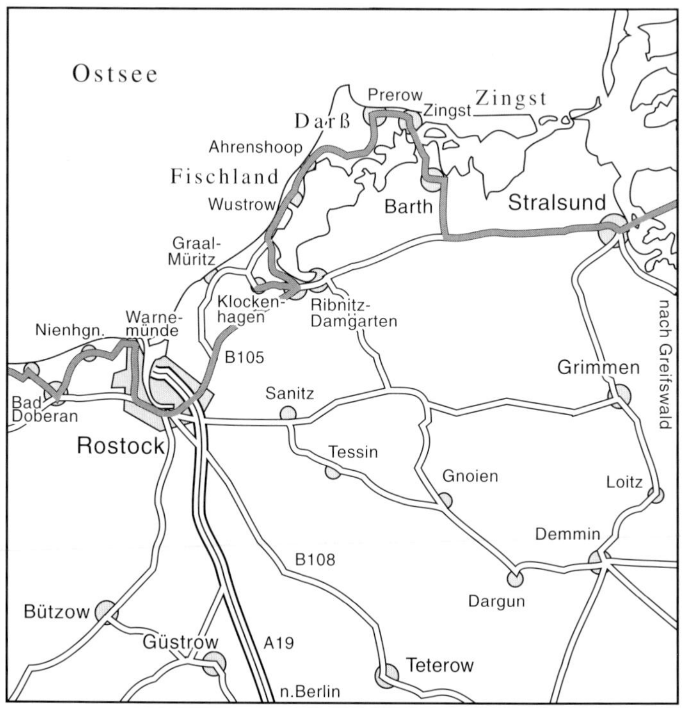

Bernsteinmuseum ist im ehemaligen Kloster des Klarissen-Ordens angemessen untergebracht. In der Klosterkirche sehen wir die wertvollen „Ribnitzer Madonnen“ aus dem 14. Jahrhundert.

Bernstein, das Gold des Nordens

Mit etwas Glück kann man bei einer Strandwanderung auch heute noch ein Stück Gelbes Gold finden. Bernstein ist ein fossiles Harz, das aus der Tertiärzeit stammt. Vor 40 oder 50 Millionen Jahren wuchsen im Gebiet der Ostsee subtropische Wälder mit vielen Nadelbäumen. Eine bestimmte Art sonderte bereits bei nur kleinen Verletzungen reichlich Harz ab. Unter günstigen Bedingungen, besonders unter Luftabschluß und großem Druck, verwandelte es sich in Bernstein. Die Gletscher der Eiszeit und die Schmelzwasserströme transportierten das versteinerte Harz bis in die deutschen Mittelgebirge. Hat man besonderes Glück, dann findet man ein Bernsteinstück mit einem eingeschlossenen Insekt. Einen Bernsteineinschluß nennt der Fachmann „Inkluse“.

Wir unternehmen eine Rundfahrt um den Saaler Bodden und kommen an Klockenhagen vorbei.
Klockenhagen besteht aus ein paar Bauernhäusern und einem wahrlich beeindruckenden Freilichtmuseum. Man begann ursprünglich mit einem 300 Jahre alten Bauernhaus mit Kate und Ziehbrunnen. Im Laufe der letzten 20 Jahre wurde das Areal planmäßig erweitert. Verschiedene alte, für ihre Region besonders typische Gebäude wurden sorgfältig Stein für Stein abgetragen und in Klockenhagen in mühsamer Kleinarbeit wieder aufgestellt. Ein Spaziergang durch das Dorf bietet viele

Küste von Fischland

Bauernhaus auf dem Darß

Moderne Windmaschine bei Zingst

interessante Einblicke in das dörfliche Leben von ehedem. Wir schauen uns ein prächtiges Bauernhaus aus Ludwigslust an, das Backhaus aus Sievershagen. Zum Katen aus Stäbelow gesellt sich eine alte Mühle und ein Teich mit einer Gänseschar; daneben grast die museumseigene Schafherde. Im Innern sind die Häuser mit Originalmobiliar und mit vielerlei Gebrauchsgegenständen aus dem täglichen Leben ausgestattet. Viele Besucher hört man wehmütig seufzen: „Ja, so war es auch einmal bei uns . . .“.

Dierhagen liegt an der Ostsee und am Saaler Bodden gleichermaßen. Der Ort trägt den stolzen Beinamen Ostseebad. Der alte Ortsteil schmiegt sich an die stillen Wasser des Saaler Boddens, wo sich auch der kleine Hafen befindet. Die neueren Ortsteile, die eher dem touristischen Bedarf angepaßt sind, liegen zur Ostseeseite hin. Der Strand ist breit und feinsandig – nur die Sonne könnte etwas häufiger scheinen. Aber wenn die Ostsee gerade nicht zum Baden einlädt, so kann man am Strand entlang oder in das Naturschutzgebiet Dierhäger Moor, ein bewaldetes Küstenhochmoor, hinein wandern.

Wustrow ist der größte Ort des Fischlandes. Hier lebten seit Generationen Seefahrer. Der Turm der roten Backsteinkirche, die auf einem slawischen Burgwall steht, war lange Zeit ein wichtiges Seezeichen für die Schiffer. Heute machen wir es umgekehrt. Wir besteigen den Turm und freuen uns über den schönen Ausblick hinüber zur Ostsee und über den Saaler Bodden. Bei Wustrow existierte einst der Wasserarm Permin, der den Bodden mit dem offenen Meer verband. Im 15. Jahrhundert versandete der Durchgang allmählich, so daß der Hafen seine Bedeutung weitgehend verlor. Dennoch, selbst zu DDR-Zeiten wurden in Wustrow noch Seefahrer ausgebildet – die Tradition blieb ungebrochen. Zahlreiche stattliche Wohnhäuser aus dem 18. und 19. Jahrhundert, teilweise in Form von Niederdeutschen Hallenhäusern gebaut, vielfach ehemalige Kapitänshäuser, belegen deutlich Wustrows reiche Seefahrervergangenheit.

Ahrenshoop mit Künstlerimage

Gegen Ende des 19. Jahrhunderts lebten im Nachbarort Ahrenshoop viele Künstler. Der Ort zehrt noch immer von diesem Image, wenngleich die Künstler schon lange weggezogen sind. Deshalb strömen die Touristen nach Ahrenshoop und spüren den Künstlern nach, zu denen auch Gerhardt Hauptmann zählte. Er weilte im Juli 1930 in der Künstlerkolonie und schrieb hier die Kurzgeschichte „Die Spitzhacke“. Käthe Miethe, bekannt als Verfasserin von Heimatbüchern und Romanen über das Fischland, lebte seit 1939 als freie Schriftstellerin in der Region und starb 1961 in Ahrenshoop.

Der Ort hat sich für die zahlreichen Besucher hübsch herausgeputzt. Die gedrungenen Fachwerkhäuser mit den Rieddächern passen gut in die Dünenlandschaft; heute sind sie ganz in der Hand von Touristen. Wer nicht gerade durch den Ort flaniert, tummelt sich am Strand. Die schönen und fotogenen Strandkörbe sind notwendig, da eigentlich immer eine Brise weht und man trotz Sonne fröstelt. Die Dorfkirche ist zur Abwechslung einmal modern, von einheimischen Künstlern in Holz und Rohrdach erbaut. Fotografen sollten ein

Auge auf die schönen bemalten Eingangstüren werfen; es lohnt sich.

Das ehemalige Bauern- und Fischerdorf Born liegt unmittelbar am Darßwald. Uns begeistern die riedgedeckten Häuser mit ihren kunstvoll gestalteten, bunt bemalten Eingangstüren. Der Fremdenverkehr ist die Haupteinnahmequelle, doch geht es in Born ruhig und gemächlich zu – die richtige Idylle zum Erholen.

Auf halber Strecke zwischen Born und Prerow liegt Wieck am Bodden, einst der reichste Ort des Darß. Auf den Wiecker Werften wurden im 18. und 19. Jahrhundert zahlreiche Schiffe gebaut. Der wirtschaftliche Boom ist längst vorbei, aber einige herrschaftliche Häuser erinnern daran, daß Wieck bessere Zeiten gesehen hat.

Heute ist Prerow das Zentrum

Vieles hat sich gewandelt: Prerow ist heute das touristische Zentrum des Darß. Der Ort wird im Osten vom Prerowstrom begrenzt, dem früher einmal große Bedeutung zukam. Er ermöglichte den Fischern von Prerow bis zur großen Sturmflut von 1872 den freien Zugang zur Ostsee. Heute ist er versandet und nur noch ein Fotomotiv. Im Ort geht es gemütlich zu und die Gäste genießen jeglichen touristischen Komfort. Viele haben ihre eigenen Fahrräder mitgebracht (oder mieten sich welche). Durch die weiten Waldgebiete um den Ort führen viele Fahrradwege, die regelrecht herausfordern. Auch wir radeln durch den Wald zum Darßer Ort. Wenn man den Dünenkiefernwald hinter sich gebracht hat, erreicht man beim Leuchtturm den Strand. Und hier bleibt nun wirklich kein Strand- und Badewunsch offen. Der Strand dehnt sich kilometerweit. Jeder findet ein Plätzchen zum Ruhen und Erholen. Vereinzelt wagen sich Mutige auch in die Ostsee – sie ist selbst im Sommer nicht wärmer als 19 Grad. Nur um eines werden die Touristen gebeten: Die Dünen sollen nicht bestiegen werden, zu anfällig ist die kümmerliche Vegetation.

Die Touristen besuchen im Ort gerne das Darßmuseum, ein Heimatmuseum voller Flair. Hier wird die Geschichte Prerows lebendig; man liest auf vergilbten Blättern von den Träumen der Schiffsjungen, von den Abenteuern der Kapitäne, von Kunst und Gemeinschaft. Und wir meinen, einiges davon auf dem Darß heute noch spüren zu können . . .

Ein ganz besonderes Schmanckerl ist die Seemannskirche am östlichen Ortsausgang. Wo andernorts Kreuze und Heiligenbilder hängen, verzieren diese Kirche schöne Schiffsmodelle. Jedes erzählt eine andere aufregende Geschichte.

Mondäner: Badeort Zingst

Die Straße führt am Strand entlang bis nach Zingst. Auch Zingst pflegt die alte Seemannstradition: 1880 wohnten 80 Kapitäne im Ort, ihre Kapitänshäuser erinnern noch daran. Doch im 20. Jahrhundert verliert die Seefahrt mehr und mehr an Bedeutung; man stellt sich voll auf den Kurbetrieb ein. Aber erst, als ein Bahnanschluß geschaffen wurde, entwickelte sich der Kurort wünschenswert. Mittelpunkt ist auch heute noch das Kurhaus neben dem Seewasserwarmbad. Der Strand ist Spitze: breit und feinsandig; die Kinder können sich richtig austoben.

Fischland, Darß und Zingst werden geprägt von riedgedeckten Häusern und kunstvoll bemalten Türen.

Das Heimatmuseum von Zingst wurde in einem alten fachwerkgeschmückten Kapitänshaus von 1867 untergebracht. Wir lernen Lebensstil und Wohnkultur der Seeleute und ihre Seefahrtsgeschichte kennen.

Dazu gehört ein Heimatgedicht

In Zingst ist sie aufgewachsen: Martha Müller-Grählert (1876 bis 1939). Voller Heimweh schrieb sie in Berlin, wo sie mit einem Sachsen verheiratet lebt, das Gedicht „Mine Heimat“. Simon Krannig, ein Thüringer, vertonte das Gedicht in der Schweiz, das erstmals anläßlich der Beerdigung eines Flensburgers in Zürich gesungen wurde. Heute reklamieren es die Nordseeanwohner als ihre Heimathymne. An die Verfasserin und an Zingst denkt dabei wohl niemand.

Mine Heimat
Wo de Ostseewellen
Trecken an den Strand,
Wo de gele Ginster
Bleugt in 'n Dünensand,
Wo de Möven schriegen
Grell in 't Stormgebrus,
Da is mine Heimat,
Da bün ick to Hus.

Das Fischland und der Darß haben sich sichtlich entwickelt; westdeutsche Besucher findet man allenthalben. Die Bewohner des Hinterlandes sehen die Entwicklung nicht immer mit Freude: Die schmalen Straßen sind verstopft; nahe der Strände wurden große Parkplätze angelegt und nur gegen eine hohe Parkgebühr darf man bleiben. Wildparker werden rigoros abgeschleppt. Vor der Wende, so sagen sie, war die Natur kostenlos. Heute vermarkten die Gemeinderäte von Zingst und Prerow und Ahrenshoop ihre Orte nach allen Regeln der Marktwirtschaft.

Über eine Drehbrücke geht es zurück auf das Festland. In den ersten Jahren nach der Wende war dies die neuralgische Stelle. An der einspurigen Brücke staute sich im Sommer der Verkehr kilometerweit. Mittlerweile bringt eine Pontonbrücke Entlastung. Der Verkehr kann ungehindert rollen.

Pforte zum Darß
Barth, die „Pforte zum Darß", ist das regionale Zentrum. In dem Marktort entwickelte sich eine bescheidene Industrie. In den Führern steht geschrieben: „Barth hat regionale Bedeutung." Das bedeutet nichts anderes, als daß Barth immer im Schatten von Stralsund stand. Dabei macht der Ort einen freundlichen Eindruck. Die Kirche St. Marien ist eine dreischiffige Hallenkirche aus dem 14. Jahrhundert, deren 87 m hohen Turm wir besteigen. Der mühevolle Aufstieg wird mit einer herrlichen Aussicht belohnt. Von hier oben sieht man auch gut die Reste der Stadtmauer, das Dammtor und den Fangelturm.

AUSKUNFT
Regionaler Fremdenverkehrsverband Fischland-Darß-Zingst, Klosterstr. 21, 18374 Ostseebad Zingst; Tel. und Fax: 038232/232

ÜBERNACHTEN
Es gibt auf dem Fischland und dem Darß viele Campingplätze: Zingst, Prerow, Born, Wustrow, Dierhagen. Zu empfehlen ist der Campingplatz „Regenbogen-Camp" in Prerow, in der Zeltplatzstraße am Ortsende. Zum Strand sind es 50 m.

PARKEN
Ribnitz-Damgarten
Am besten parkt man auf dem Marktplatz. Falls er belegt ist, findet man in den angrenzenden Straßen sicherlich einen Parkplatz.

HIGHLIGHTS
Klockenhagen
* Freilichtmuseum

Ostseebad Ahrenshoop
* Kapitänshäuser
* Dorfkirche

Ostseebad Prerow
* Darßmuseum (Öffnungszeiten: 9–17 Uhr)
* Leuchtturm Darßer Ort

Ostseebad Zingst
* Heimatmuseum im Kapitänshaus

Ribnitz-Damgarten
* Bernsteinmuseum (Öffnungszeiten: tägl. 9.30–17.30 Uhr)

Die größte deutsche Insel: Rügen

An Stralsund kommt man einfach nicht vorbei, denn einzig der Stralsunder Rügendamm führt nach Rügen. Wir bedauern es nicht, denn Stralsund ist eine uns beeindruckende Stadt. Nur die belastende Verkehrssituation schmälert die Freude. Eine vielbefahrene Eisenbahnlinie führt mitten durch die Stadt. Bahnschranken blockieren regelmäßig den Verkehrsstrom. Und zu allem Überfluß gibt es keine Stadtumgehung, so daß sich der gesamte Fernverkehr durch das Nadelöhr quälen muß. Stauungen sind an der Tagesordnung. Mit dieser Geduldsprobe beginnt somit jede Stralsund-Besichtigung.

„Diese Stadt Sundt oder Strallsundt hat ihren Namen von Susione, einem Herzogen aus Francken, welcher sie Ao. 1046 gleichwie auch Franckfurt an der Oder ... gebauet hat. Ist eine feine, große und wohlgebauet Stadt jetzt gewesen, mit schönen von gebrannten Ziegeln Steinhäuser gebauet, aber sehr enge Gassen ... In dieser hat es sehr viele Brunnen gehabt, fast in allen Gaßen ...“, beschreibt Michael Franck 1590 in „Reise eines fahrenden Schülers durch Pommern und Mecklenburg“ Stralsund.

1927 erlebt Ricarda Huch Stralsund auf ihre Art: *„Meerstadt ist Stralsund, vom Meer erzeugt, dem Meer ähnlich. Auf das Meer ist sie bezogen in ihrer Erscheinung und in ihrer Geschichte ... Hier wohnen Menschen voller Abenteuerlust und Behutsamkeit, prächtig, stolz, abgehärtet, furchtlos, grausam, trotzig, fromm ...“*

Und wie begegnet uns die Stadt? Sie ist eine klare, kompromißlose Stadt des Nordens. Sie wirkt kräftig wie ein Bollwerk, auch wenn es ihr wirtschaftlich nicht unbedingt gut geht. In Stralsund scheint uns ein starker Überlebenswillen zum Greifen nah ...

Schon 1234 erhielt der Ort das Lübische Stadtrecht. 1239 schlossen sich die Städte Lübeck, Wismar, Rostock, Greifswald und Stralsund zum Hansebund zusammen. Wie in allen Mitgliedsstädten begünstigte der Zu-

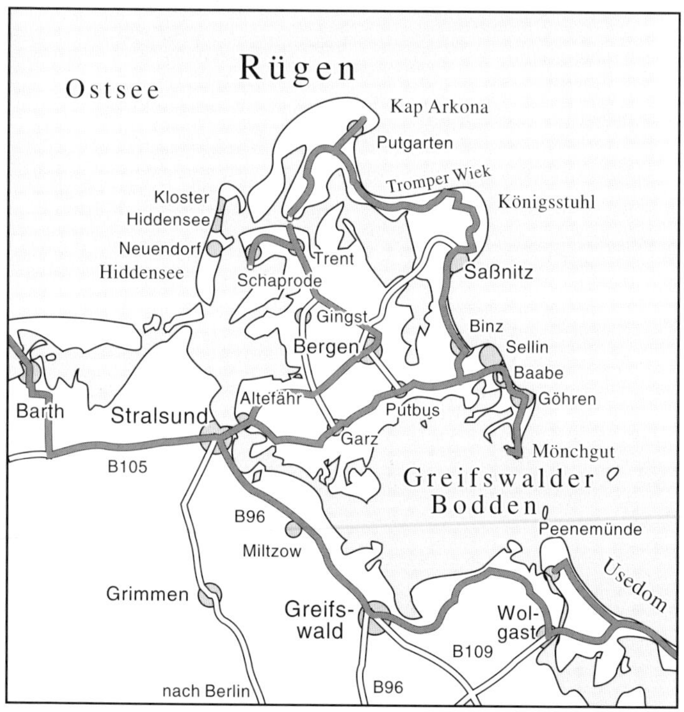

sammenschluß die wirtschaftliche Entwicklung wesentlich. Höhepunkt bildete 1370 der „Frieden zu Stralsund", in dem die Hanse die dänische Vorherrschaft abschüttelte.
Schwierige Zeiten, wie sie heute sind, gab es in Stralsund schon häufiger ... Stralsund blieb von den Wirren der Geschichte nicht verschont. 1525 wurde die Reformation eingeführt, 1628 die Stadt von Wallenstein belagert. 1648 fiel Stralsund im westfälischen Frieden an das schwedische Königreich. Viele Bauten der Stadt sind Zeugnisse dieser schwedischen Periode. Sie dauerte immerhin bis 1815, als Stralsund an Preußen ging. Nun erst begann ein neuer wirtschaftlicher Entwicklungsprozess.
Die Segelschiffahrt besaß auch im Ostseehafen Stralsund große Bedeutung. 1880 zählte man 200 Großsegler, die Stralsunder Kaufleuten gehörten. Fast genauso wichtig war für die Stadt 1863 der Anschluß an das Eisenbahnnetz. Davon profitierte auch noch das Hinterland.
Und schließlich feierten die Bürger und Kaufleute 1936 die Eröffnung des Rügendamms, der Stralsund mit Rügen verbindet.

Teile der Altstadt stehen unter Denkmalschutz. Alt-Stralsund zeigt in Anlage und Bausubstanz eine Hansestadt des 17. und 18. Jahrhunderts. In dieser Zeit (1787–1789) war Ernst Moritz Arndt Schüler des Gymnasiums zu Stralsund, entdeckte der berühmteste Sohn der Stadt, Carl Wilhelm Scheele (1742 –1786), den Sauerstoff.

Das sehr beeindruckende Rathaus am Alten Markt ist wesentlich älter. Es wurde aus zwei Giebelhäusern aus dem 13. Jahrhundert um 1400 durch einen gotischen Vorbau repräsentativ verbunden. An der Rückseite fügte man einen Querbau hinzu und gestaltete den Innenhof neu. In dieser Gestaltung kann man das Rathaus heute noch bewundern – wahrlich ein bemerkenswerter Bau. Er wurde als Tagungs-und Regierungsort von den Ratsherren genutzt und diente lange Zeit als sehr geschäftiges Zentrum des städtischen Wirtschaftslebens; man kann es ruhig als das erste Einkaufszentrum Stralsunds bezeichnen. Die Schweden beeinflussten die Architektur des Baus maßgeblich. Die Fassade gestaltete der schwedische Festungsbaumeister Nils Eosander. Und so wundert es auch nicht, daß der Ratsherrensaal nach einem Schweden benannt ist: Axel Graf von Löwen. Er war von 1748 bis 1772 Generalgouverneur von Schwedisch-Pommern.

Die Nikolaikirche bildet zusammen mit dem Rathaus ein einzigartiges Bauensemble. Die gotische Basilika wurde Ende des 13. bis Anfang des 15. Jahrhunderts erbaut. Bei einem Stadtbrand im Jahre 1662 brannten die beiden Turmhelme ab. Daraufhin erhielt der Südturm eine Barockhaube, der Nordturm wurde flach eingedeckt. *„Es hat diese Stadt eine vornehme Hauptkirche gehabt, welche zwar nicht schön und zierlich ausgebutzet gewesen ..."* Michael Franck scheint die Nikolaikirche nicht sonderlich gefallen zu haben.
In den Schatten der Basilika schmiegt sich an der Ostseite des Alten Marktes das Commandanten-Hus (1740). Hier residierte der Stadtkommandant.

Die Ossenreyer Straße ist Fußgängerzone. Diese Shopping Meile verbindet den Alten mit dem Neuen Markt. Hier

Das Rathaus von Stralsund besitzt eine wahrlich beeindruckende Fassade.

läßt es sich im Sommer schön flanieren, das triste Einerlei gehört der Vergangenheit an. Die Passanten genießen die freundliche Atmosphäre in vollen Zügen. Es sei nicht verschwiegen, daß jenseits der Fußgängerzeile noch manche Tristesse verblieb. Doch allerorten stehen Gerüste, werden Häuserfassaden restauriert. Zu recht: Stralsund hat viel zu bieten.

Das Johanniskloster in der Schillstraße gehört zu den wichtigen Stadtdenkmälern. Die Franziskaner schufen den Klosterbau im 13. Jahrhundert. 1525 wurde es, im Zuge der Säkularisierung, in ein Altenwohnheim umgebaut. Dem Bombenangriff im Mai 1945 fiel die Kirche zum Opfer; lediglich die sehenswerte Hofanlage und der Kreuzgang blieben bestehen.

Der Kampische Hof (Mühlenstr. 23) stammt auch wie das Kloster aus dem 13. Jahrhundert. Er diente als Stadtquartier und später als Lagerstätte. Das Schwedische Regierungspalais (Badenstr. 17) ist wesentlich jünger. An-

fang des 18. Jahrhunderts konzipierte der schwedische Architekt Cornelius Loos den Regierungssitz für den Gouverneur von Schwedisch-Pommern.
Auf dem Weg zum Neuen Markt kommen wir am Meeresmuseum vorbei (Mönchstraße), das in Tourismuskreisen einen guten Ruf hat. Wer sich für Meereskunde und Fischerei interessiert, sollte einen Besuch nicht versäumen. Wir informieren uns vorzüglich über die heimische Meereswelt, über die Geschichte und Entwicklung des Fanggewerbes und der Schiffahrt. Dabei ist das Museum noch nicht auf „Westkurs" ausgerichtet. In vielen Erklärungen spiegelt sich das „Ostverständnis". Uns hilft die Ausstellung im Verständnis für diese Region. Hinzu kommt noch, daß die Räume des mittelalterlichen Klosters St. Katharinen, in denen sich das Museum befindet, den Ausstellungen ein ganz besonderes Flair verleihen.
Auch das Kulturhistorische Museum ist in den Klostergebäuden untergebracht. Hier wird über die Hanse-Epoche berichtet. Daneben informieren wir uns über die volkskundliche Entwicklung auf der Insel Rügen.

Gegen Ende des 15. Jahrhundert wurde die spätgotische Basilika St. Marien fertiggestellt. Sie ist in ihren Abmaßen mächtig: 100 m lang, 32 m hoch. Der barocke Turm stammt aus dem Jahr 1702. In über 100 Metern Höhe blicken wir weit über die schöne Hansestadt hinweg.
Noch eine dritte wichtige Kirche gab es in der Stadt: die Jakobikirche. Sie wurde um 1300 als Backsteinkirche erbaut, in den verschiedenen Kriegen jedoch so stark beschädigt, daß sie heute noch nicht besichtigt werden kann.

Lassen wir noch einmal Michael Franck zu Wort kommen:
„Es ist die Stadt auch am Meerstrandt gelegen, denn es ist eine fürnehme Seestadt ... sehr schönes Weibsvolck und hoffärtiges giebts allda. Diese Stadt ist auch ziemlich fest, mit Graben, Mauern und Waßer herumb wohl verwahret ... Es braut auch allda ein gutes und wohlschmeckendes Bier, welches das berumbste in Pommern. Darumb es auch zu Waßer weit geführet und allenthalben gern getrunken wird."
Ähnlich fühlen wir uns auf einem Spaziergang; es ist gut bummeln und zumindest auf ein Bier kehren wir ein. In den Restaurants wird heute leider kaum mehr die Biersuppe mit Brot angeboten, wie dies früher allgemein üblich war. Ein altes Rezept beschreibt die Zubereitung: *„Man setzt Bier, etwa 1/2 Pott für die Person, auf das Feuer, schäumt es, wenn es kocht, gut ab, giebt Schwarzbrod, ein wenig Kümmel und auf 2 Pott Suppe 1/4 Pfund Zucker oder Sirup nach Verhältniß, auch, wenn man will, ein wenig Citronenschale und Kanehl daran, und läßt das Ganze 1/2 Stunde langsam kochen. Findet sich die Suppe alsdann noch klütig, so reibt man sie durch das Sieb und läßt sie noch einmal aufkochen."*

Altefähr: faszinierender Blick aus der Ferne

Von Altefähr hat man den schönsten Blick auf Stralsund. Der Ort liegt am Strelasund gegenüber der Stadt – auf der Insel Rügen.
Wir drängeln uns wie viele andere Urlauber, Einheimische und Lastwagen über den Rügendamm nach Rügen. Gleich nach dem Damm liegt linker Hand Altefähr vergessen in der Mittagssonne. Nichts verrät noch, daß Al-

tefähr bis 1931, als der Rügendamm erbaut wurde, der Fährhafen von Rügen war. Hier legten die Schiffe aus Stralsund an, betraten die Reisenden die Insel Rügen. Heute ist nur der herrlichste Blick nach Stralsund geblieben. Vom einsam und verlassen wirkenden Kai aus erfreuen wir uns an der Silhouette der Stadt.

8000 Jahre vor unserer Zeitrechnung, schon in der Steinzeit, lebten Menschen auf der Insel.
Der Name Rügen entstammt dem ostgermanischen Stamm der Rugier, der zwischen 600 v. Chr. und 75 n. Chr. auf der Insel lebte. Während der Völkerwanderung zog der Stamm südwärts. Die mittlerweile menschenleere Insel nahmen die slawischen Ranen, die aus Südosten kamen, in Besitz. Ihr kultureller Mittelpunkt wurde die Tempelburg Arkona. 1168 eroberten die Dänen die Insel. Die Ranen unterwarfen sich ihnen, sie wurden dänische Lehnsträger.
Später übernahmen für eine lange Periode die Schweden die Oberhoheit. 1193 wurde in Bergen ein erstes Kloster gegründet: Die Zisterzienser hatten die Insel entdeckt. Im 14. und 15. begannen Adelsgeschlechter, die bisher freien Bauern zu unterjochen, sie ihres Eigentums zu berauben und in die Leibeigenschaft zu pressen. Erst König Gustav IV. Adolf beendete 1806 durch einen Erlaß die Leibeigenschaft.
1769 wurde Ernst Moritz Arndt auf Rügen als Sohn eines aus der Leibeigenschaft entlassenen Bauern geboren. Seine Kindheit prägte diese Leibeigenschaft, sie machte ihn zu einem glühenden Vorkämpfer für die Freiheit.
1794 eröffnete in Sagard der erste Badebetrieb Rügens. Später sollte dieser Wirtschaftszweig für die Insel von großer Bedeutung werden.
Den Anschluß an das Festland fand Rügen erst durch die ständige Fährverbindung zwischen Stralsund und Altefähr. Eine Eisenbahnlinie wurde über die Fähre in Betrieb genommen. 1931, mit der Fertigstellung des Rügendamms, konnte der Eisenbahnverkehr zügiger abgewickelt werden, die Autos rollen ungehindert auf die Insel.
Nicht immer begeisterte der Ansturm die Anwohner. Zu DDR-Zeiten suchten Tausende von Erholungssuchenden die Insel heim und auch nach der Wende, nach einer ersten Flaute, scheint sich Rügen als Tourismuszentrum wieder zu etablieren. Da stöhnen mitunter die Leute von Rügen. Auch macht ein Schlagwort aus DDR-Zeiten wieder die Runde: „Drei Worte genügen: Runter von Rügen!" Im Stau stehend erinnern wir uns an diese Worte, doch dann überrascht uns Rügen. Wir erleben sie als vielseitige, rauhe und liebliche, herbe und zarte Insel. Zugegeben, die großen Sehenswürdigkeiten, die auch wir uns nicht entgehen lassen, sind touristisch überlaufen. Aber nur einige Meter weiter gibt sich Rügen freundlich, ursprünglich und geruhsam.

Bergen ist die Hauptstadt von Rügen
Profitiert Bergen von dem Status einer Inselhauptstadt? Die Stadtwürde hat sie sich bereits 1613 erkauft. Das brachte ihr nichts ein. 1805 bezeichnete sie Johann Jacob Grümbke, der sogar Bürgermeister von Bergen wurde, als die *„elendeste Landstadt"*, die *„weder Mauern noch Tore hat"*, dafür *„holprige, abschüssige Wege, schiefe, schlecht gedämmte, zum Teil ungepflasterte Straßen und Durchgänge ... und selbst der Markptplatz ist ungestalt."*

Eine Perle ist Bergen auch heute nicht geworden. Der Marktplatz mit dem Rathaus wird zunächst nur als großer Parkplatz genutzt. Die Marienkirche dahinter war als romanische Basilika (1180) geplant und begonnen und erst im 15. Jahrhundert vollendet worden. Sie wirkt reichlich unharmonisch. Sehenswert im Inneren sind jedoch die Fresken, Wandmalereien aus dem beginnenden 13. Jahrhundert. An ihnen kann man die Schrecken der Hölle genauestens studieren.

Bei Bergen ragt der Ernst-Moritz-Arndt-Turm in den blauen Rügener Himmel. Er ist einen Besuch wert. 1869 wurde der Grundstein gelegt, etwas unvorsichtig vielleicht, denn bald ging das Geld aus. Über sieben Jahre verbrachte man hauptsächlich mit Sammeln, der Bau wurde je nach Kollektenergebnis vorangetrieben. Heraus kam ein 27 m hoher Turm ganz im Stil deutsch-kaiserlichen Kunstverständnisses, gewidmet einem der großen Vorkämpfer für die Freiheit. Der Bau wirkt wie ein Widerspruch zu der Persönlichkeit Ernst Moritz Arndts. Wir besteigen ihn und betrachten Rügen von oben. Da wir den Turm aus dieser Vogelperspektive nicht sehen, verflüchtigt sich auch der empfundene Widerspruch.

Ein deutscher Patriot: Ernst Moritz Arndt

Am 26. Dezember 1769 wurde Ernst Moritz Arndt als Sohn eines aus der Leibeigenschaft entlassenen Bauern in Groß Schoritz bei Garz geboren. Er erfuhr die Leibeigenschaft und die Mühsal des Bauernstandes hautnah und schmerzlich. In der Dorfschule stellte sich die Begabung des Jungen sehr schnell heraus. Er hatte nur eine Möglichkeit für einen sozialen Aufstieg: Er mußte Pfarrer werden. In Greifswald und Jena studierte er Theologie. Doch nach ausgedehnten Reisen verdiente er sich sein Brot lieber als Privatdozent für Geschichte und Sprachen. 1803 veröffentlichte er seine erste Schrift. Ihr Titel war sein Programm: „Versuch über die Leibeigenschaft“. Daraufhin vertrieb ihn der pommersche Adel. Er fand in Schweden Zuflucht. Nachdem Napoleon auch Pommern überrollt hatte, wandte sich der streitbare Arndt, mittlerweile wieder nach Greifswald zurückgekehrt, gegen die französische Fremdherrschaft. Er wurde zu einem führenden Kopf der deutschen Befreiungsbewegung. Nach Ende der französischen Besatzungszeit erhielt er 1818 in Bonn einen Lehrstuhl für Geschichte. Wieder meldete er sich kritisch zu Wort: gegen die Kleinstaaterei in Deutschland, für ein geeintes deutsches Vaterland. Wieder paßten diese Aussagen nicht ins politische Konzept der Herrschenden, wieder mußte Arndt gehen.

Später wurde er rehabilitiert, erhielt seinen Lehrstuhl zurück und zog als Abgeordneter in die Nationalversammlung in der Frankfurter Paulskirche ein. Dort forderte er ein preußisches Kaisertum, denn mit Demokratie konnte auch er noch nicht viel anfangen.

Bis heute blieben seine Thesen aktuell: „Die Erde ist für den Menschen da, und nicht der Mensch für die Erde, daß er gleichsam wie ein ... Lasttier ... darauf ächze und stöhne, und daß wenige einzelne ... von seinen Arbeiten den Nutzen ziehen ...“

1860 starb Ernst Moritz Arndt in Bonn; Rügen hatte er seit 1817 nicht mehr gesehen, aber seinem Heimweh nach Rü-

Die größte deutsche Insel: Rügen

gen gab er in einem Gedicht Ausdruck (1842):

O Land der dunklen Haine,
O Glanz der blauen See,
O Eiland, das ich meine,
Wie tut's nach dir mir weh!
Nach Fluchten und nach Zügen
Weit über Land und Meer,
Mein trautes Ländchen Rügen,
Wie mahnst du mich so sehr!

O wie, mit goldnen Säumen
Die Flügel rings umwebt,
Ein Märchen und mit Träumen
Erinnrung zu mir schwebt!
Sie hebt von grauen Jahren
Den dunklen Schleier auf,
Von Wiegen und von Bahren,
Und Tränen fallen drauf.

Fern, fern vom Heimatlande
Liegt Haus und Grab am Rhein.
Nie werd' an deinem Strande
Ich wieder Pilger sein.
Drum grüß' ich aus der Ferne
Dich, Eiland lieb und grün:
Sollst unterm besten Sterne
Des Himmels ewig blühn!

Ralswiek wäre völlig bedeutungslos, gäbe es da nicht den Abklatsch eines Loire-Schößchens (1893/1894), das als Kulisse für ein Freilichttheater dient. Das Schloß gehörte einem gewissen Grafen Douglas, dem größten Landbesitzer auf Rügen. Später diente es als Altersheim und Pflegestätte für geistig Behinderte und wird wohl bald zum Hotel umgebaut werden. Die Gäste werden dann quasi aus ihrem Sessel den Störtebeker-Spielen lauschen können, die auf der Bühne vor dem kleinen Hafen alljährlich mit vielen Schauspielern und Komparsen aufgeführt werden.

Der Ernst-Moritz-Arndt-Turm ragt in den blauen Rügener Himmel.

Wer war Klaus Störtebeker?

Wir müssen bei der Sage eine Anleihe nehmen. Um 1370 wurde der berühmte Pirat als Sohn eines Bauern bei Ruschvitz auf Rügen geboren. Schon in jungen Jahren arbeitete er bei einem Großgrundbesitzer als Knecht. Von Durst geplagt, griff er eines Tages in einem unbeobachtet geglaubten Augenblick nach dem Bierkrug des Herrn und trank daraus. Er wurde jedoch gesehen, verraten und zur Strafe in Ketten gelegt. Der junge Mann konnte die Ketten sprengen und seine Peiniger niederschlagen. Er floh mit einem Fischerboot

Eine besondere Attraktion auf Rügen sind die Klaus-Störtebeker-Festspiele.

nach Arkona und schloß sich dort Michael Gödecke, dem Anführer einer berüchtigten Piratenbande an. Bald machte er bei den Piraten Karriere und erhielt sein eigenes Piratenschiff. Beim Volk waren die Piraten recht beliebt, denn sie beraubten nur die Reichen und teilten die Beute sogar mit den Armen. Bei den Patriziern war Störtebeker weniger beliebt. Sie kauften sich einen Verräter, der Blei in das Steuerruder füllte, als es vor Hamburg vor Anker lag. Als die Hamburger angriffen, konnte der Pirat nicht fliehen und wurde gefangen genommen. Der Richterspruch war von vornherein klar. Er lautete auf Tod durch das Beil. Störtebeker sprach seine letzte Bitte aus: Allen seinen Kameraden, an denen er ohne Haupt vorbeilaufen würde, sollte das Leben geschenkt sein. Einverstanden. Und er rettete in der Tat etlichen Gefährten das Leben, bis ihm der Gehilfe des Henkers ein Bein stellte und er schließlich zu Boden fiel. So weit die Sage ...
Daraus lassen sich viele Störtebekergeschichten schreiben und aufführen. Sie paßten einst gut in die DDR-Weltanschauung. Störtebeker wurde zum Wohltäter der Armen, zum Schrecken der Reichen und Kapitalisten und damit zum unerschrockenen Vorkämpfer einer klassenlosen Gesellschaft.
Die Zuschauer begeistern sich noch immer an den historischen Geschichten.

Gleich in der Nähe liegt Lietzow. Der Name des Ortes wurde über Rügen hinaus bekannt durch Funde bei Ausgrabungen, die bewiesen, daß Rügen in der Jungsteinzeit bereits bewohnt war. Bei Lietzow trennt seit 1868 ein künstlicher Damm (für Eisenbahn und Straße) den Großen vom Kleinen Jasmunder Bodden. Schöne Wälder laden zum Spazierengehen ein.

Mitten auf dem flachen Inselland finden wir Trent, einen Ort, der nur durch seine mächtige Kirche auffällt. Sie wurde 1318 erstmalig erwähnt, später immer wieder erweitert. Der wuchtige Turm mit seiner barocken Haube kam 1602 hinzu.

Nicht weit ist es bis Schaprode, ein eigentlich vergessenes Nest, wäre da nicht zum einen eine spätromanische Backsteinbasilika, die als eines der schönsten Gotteshäuser auf Rügen eine gewisse Bedeutung hat und wäre da nicht der geschäftige Hafen, in dem die Fähren zur Insel Hiddensee ablegen. Der rege Fährverkehr hat aber für Schaprode auch seine Nachteile. Ein nicht endender Strom von Touristen steuert zumindest in den Sommermonaten den kleinen Ort an, um, zum Kummer der Bewohner, nur einen Parkplatz zu suchen. Schon stellen viele Bauern ihren Obstgarten als Parkplatz zur Verfügung. Dennoch läßt sich das sommerliche Chaos nicht vermeiden.

Mit dem Fahrrad auf Hiddensee-Tour
Am Stolper Haken, nur vier Kilometer von Schaprode entfernt, befindet sich die engste Stelle zwischen Rügen und Hiddensee: Sie beträgt eben 1000 Meter. So ist es nur ein „Katzensprung“ mit der Fähre hinüber zur verträumten Insel.
Die langgestreckte Insel, flach, grün und ruhig, ist für den Autoverkehr gesperrt, ein Paradies für Wanderer und Radfahrer. Die Räder werden auf den Fähren selbstverständlich mitbefördert. Intellektuellenkolonie nannte man

Hiddensee in der Vergangenheit, weil namhafte Künstler dort weilten: Bert Brecht, Gottfried Benn, Franz Kafka, Käthe Kruse, Ernst Toller, Erich Mühsam, Sigmund Freud, Ernst Moritz Arndt, Joachim Ringelnatz, Albert Einstein, um nur einige zu nennen. Besonders aber wird Gerhart Hauptmann mit dieser Insel in einem Atemzug genannt.

Lassen wir zwei Dichter zu Wort kommen. Ernst Moritz Arndt beschrieb die Insel in diesem Gedicht:

Gehoben vom leisen Licht
in des Himmels größeren Ozean:
schwebende Insel.
Unter der Traumtrift
der Wolken
die zärtlichste du,
gesäumt nur von Bläuen und Winden.
Wo Meer dich berührt,
rinnt hörbar die Stunde noch
unserer Ewigkeit:
lausche.

Joachim Ringelnatz wählte ganz andere Worte:

Kühe weiden bis zum Rande
Großer Tümpel, wo im Röhricht
Kiebitz ostert. – Nackt im Sande
Purzeln Menschen selig töricht.

Und des Leuchtturms Strahlen segnen
Eine freundliche Gesundheit.

Andererseits: Vor steiler Küste
Stürmen Wellen an und fliehen. –
Nach dem hohen Walde ziehen
Butterbrote und Geküste.

Der Inselweg endet oder beginnt, wie immer man das sieht, in Neuendorf-Plogshagen, einem recht ursprünglich erhalten gebliebenen Fischerdorf, das mittlerweile unter Denkmalschutz steht. Die Häuser richten sich nach der Sonne aus, recken sich hoch auf Dünenwällen, die von Ost nach West verlaufen und bei Hochwasser zumindest einigen Schutz bieten.
Südlich des Fischerortes müssen sogar die Fahrräder zurückgelassen werden. Nur wandern darf man durch das Naturschutzgebiet.

Nur 6 km sind es nach Vitte. Wir radeln durch Heidelandschaft, spärliche Wäldchen, dann über satte Wiesen. Früher wurde hier Torf gestochen. Das ist schon lange vorbei. Man will die ursprüngliche Landschaft erhalten und hat sie unter Naturschutz gestellt. Das Torfstechen wurde aufgegeben. Auch für uns gilt daher die Botschaft, die wir auf großen Tafeln lesen können: „Bitte nur auf den Wegen bleiben."

Vitte nennt sich Zentrum

Der größte Ort der Insel erhielt seinen Namen von den „Vitten", das sind Fischanlandeplätze. Es fehlen aber jegliche Dokumente, die die Überlieferung eines bedeutenden mittelalterlichen Heringfangplatzes bestätigen könnten.
Vitte ist Verwaltungssitz der Insel Hiddensee und besitzt den größten Hafen, in dem selbstverständlich auch die Fähre anlegt. Riedgedeckte Bauernhäuser ducken sich hinter den großen Damm, der die Winde vom Meer abhält und auch bei Flut einen gewissen Schutz bieten soll. Längst hat man sie als Gästehäuser für Urlauber ausgebaut. Hinter dem Damm beginnen die langen feinen Sandstrände. Obwohl auf Tourismus ausgerichtet, ist Vitte noch ursprünglich geblieben. Viele Künstler haben hier gelebt oder vorübergehend

Die größte deutsche Insel: Rügen

gewohnt. Und vielleicht lebt hie und da ein „echter“ Künstler – etwa in der Windmühle, die als Atelier und Ausstellungsraum dient. Die meisten „Kunstartikel“ bestätigen aber eher den Geschmack der Touristen.

Nur zwei Kilometer weiter nördlich liegt Kloster, bedeutendster historischer Ort und kulturelles Zentrum der Insel. Hier bearbeiteten vom 13. bis 16. Jahrhundert Zisterziensermönche den Akkerboden, die ihre Kultur mit auf die Insel brachten. Im Dreißigjährigen Krieg wurde die Klosteranlage dem Erdboden gleichgemacht, so daß man heute keine Spuren mehr findet. Aber im Heimatmuseum erfährt man im Rahmen der Inselgeschichte vom Klosterleben und lernt auch Flora und Fauna kennen. Wichtigstes Ausstellungsstück ist die Nachbildung des Hiddenseer Goldschmucks. Die außergewöhnlichen Schmuckstücke aus der Wikingerzeit gelten als Beweis dafür, daß einst Wikinger die Insel besiedelten.

Hinter dem Heimatmuseum dehnt sich der Ostseestrand aus. Etwas weiter im Norden beginnt die Steilküste des Dornbusch. Schön ist eine Strandwanderung am Fuß der Steilküste.
Wir spazieren gemächlich durch Kloster-Ort und stoßen auf die Gerhart-Hauptmann-Gedenkstätte, das 1920 erbaute Haus Seedorn, das einstige Wohnhaus von Gerhart Hauptmann.

Auf den Spuren Gerhart Hauptmanns
„Der erste Eindruck, den man von Hiddensee empfing, war der von Weltabgeschiedenheit und Verlassenheit. Das gab ihm den grandiosen und furchtbaren Ernst unberührter Natur und dem

Die Sonne geht hinter Hiddensee unter.

Menschen, der in dieses Antlitz hineinblickte, jene mystische Erschütterung, die mit der Erkenntnis von den Grenzen seines Wesens und der menschlichen Kultur überhaupt verbunden ist." Diese Beschreibung Gerhart Hauptmanns kann man heute nicht unbedingt nachempfinden, wenn man mit vielen anderen Besuchern durch sein Haus geht. Aber diese Worte schrieb er ja vor Jahrzehnten. 1885 kam Hauptmann das erste Mal nach Hiddensee. Die Atmosphäre der rauhen Insel inspirierte ihn. Er dichtete.
1896 kam er wieder nach Hiddensee und schrieb große Teile seines Dramas „Die versunkene Glocke". 1897 bis 1901 und 1916 bis 1929 suchte Gerhart Hauptmann jedes Jahr die Insel auf. 1930 kaufte er schließlich das Haus Seedorn, um sich auch längere Zeit auf Hiddensee aufhalten zu können.
Er arbeitete viel und ausdauernd. Die meisten seiner Werke entstanden inmitten dieser Insellandschaft.
1943 hielt er sich das letzte Mal in Haus Seedorn auf. Drei Jahre später starb er; er wurde noch im gleichen Jahr nach Hiddensee überführt und auf dem Inselfriedhof von Kloster beigesetzt.

Die Gerhart-Hauptmann-Büste steht in seinem Inselhaus.

„Haus Seedorn" ist seit 1956 Gedenkstätte. Auf einem Spaziergang durch die Räume erahnt man viel vom Leben und Wesen seiner einstigen Bewohner.

In einem Gedicht beschrieb Hauptmann sein Verhältnis zu dieser Insel:

Hiddensee
Hier, wo mein Haus steht,
wehte einst niedriges Gras;
ums Herz Erinnerung weht,
wie ich dereinst
mit Freunden hier saß.
Wir waren zu drei'n,
vor Jahrtausenden mag es gewesen
sein.

Es war einsam hier,
tief, tief!
Verlassenheit über der Insel schlief
Dann kam der Lärm,
ein buntes Geschwärm:
entbundener Geist,
verdorben, gestorben zu allermeist.
Und nun leben wir in fremdmächtiger
Zeit,
verschlagen wiederum in Verlassenheit.
In meines Hauses stillem Raum
herrscht der Traum.

Gerhart Hauptmann hatte gerne Gäste um sich. Zu ihnen gehörte Thomas Mann, der im Sommer 1924 mit seiner Familie in Kloster wohnte. Auch in der Lietzenburg etwas oberhalb des Ortes lebten Künstler. 1904 hatte der Maler Oskar Kruse das Haus erworben; später bewohnte es die Witwe seines Bruders: Käthe Kruse.
In Kloster beeindrucken noch immer viele riedgedeckte Häuser, eine einfache Inselkirche und ein beachtenswerter Friedhof mit vielen alten Gräbern um die Kirche herum.

Hiddensee ist eine flache Insel – mit einer einzigen Ausnahme: Am nördlichen Ende erhebt sich der Dornbusch mit dem 72 Meter hohen Schluckwieksberg. Der Leuchtturm, aus aller Ferne sichtbar, wurde 1887/88 erbaut. Weit schweift der Blick über die langgestreckte Insel Hiddensee. Wir erkennen jenseits des Boddens die Insel Rügen und in weiter Ferne meinen wir die Kirchentürme von Stralsund zu erkennen. Die Sonne macht schläfrig. Wir liegen auf der grünen Hügelwiesen und sehen den weißen Schäfchenwolken nach, hören das Rauschen des Meeres und dann auch den Signalton der Fähre. Schnell eilen wir zum Hafen von Kloster, erreichen gerade noch die Fähre, verladen die Fahrräder und lassen uns nach Schaprode zurückbringen.

Majestätisch: Kap Arkona

Eigentlich ist Rügen keine einheitliche Insel, sondern die Summe von einigen zerklüfteten Halbinseln. Das wird uns auf der Fahrt zum Kap Arkona deutlich. Die Wittower (Auto-)Fähre läßt uns von Halbinsel zu Halbinsel springen. Willkommen – wir befinden uns nun auf der Wittower Halbinsel.

Altenkirchen ist der Hauptort dieser Halbinsel. Sehenswert ist die Dorfkirche, ein um 1200 im romanischen Stil begonnenes Gotteshaus. Im Inneren beherbergt sie Besonderes: ein Taufbecken im Altarraum, das mit vier Männerköpfen versehen ist, dazu drei geheimnisvolle Wandmalereien, die nicht klar gedeutet werden können. Die geheimnisvolle Vergangenheit läßt grüßen: Die Kirche hat symbolische Bedeutung. Sie steht für den christlichen Sieg über die heidnischen Rugier. In diesem Sinne hat man einen alten Grabstein der Rugier für den Bau der Kirchenostwand benutzt. Die Sieger bauten auf den Ruinen der Besiegten.

Steil erheben sich die Felsen von Kap Arkona vom Meer in den Himmel. Das Land über den Felsen ist grasbewachsen, das saftige Grün leuchtet schon aus weiter Ferne. Bäume konnten sich im ewigen Wind nicht behaupten. Dafür ragen zwei Leuchttürme auf. Sie trotzen dem Wind. Der größere, der neue, wurde 1902 gebaut und ist noch heute in Betrieb, der ältere, ein eckiger Turm aus der Zeit des Klassizismus, wurde 1826 nach den Plänen von Karl Friedrich Schinkel erbaut. Er kann besichtigt und bestiegen werden. Von seiner Aussichtsplattform hat man einen schönen Blick über das Kap. Der Turm mit seinen hübsch ausgearbeiteten Details (Treppengeländer) steht unter Denkmalschutz.

Auf Arkona
Meerumschlungen
Und kreidegrün
Märchendurchdrungen
Und heldenkühn,
Herden im Hage,
Reigendes Feld,
Flüsternde Sage,
Lug in die Welt!
(Gerhart Hauptmann)

Die Ranen gelten als die Ureinwohner von Rügen, ein nordwestslawischer Volksstamm, der die Insel ab dem 7. Jahrhundert besiedelte. Sie lebten hauptsächlich bei Ralswiek, Garz (Charenza) und Arkona. Ralswiek war wohl das kommerzielle Zentrum mit einem großen Handelshafen. In Garz befand sich das politische und in Arkona das religiöse Zentrum

der Ranen. Dort erhob sich über den Klippen der Steilküste die Jaromarsburg, die der Gottheit Swantevit geweiht war. Wahrscheinlich errichteten die Ranen im Jahr 1066 die Tempelburg. Im Zentrum der Anlage befand sich das Allerheiligste mit einer hölzernen überlebensgroßen Bildsäule des Gottes Swantevit. Nach historischen Beschreibungen besaß der Gott vier Gesichter. In der einen Hand hielt das Götzenstandbild ein Horn aus Metall, das unter gewissen Riten mit Met gefüllt wurde. Das Verhalten der Flüssigkeit gab den Priestern Aufschluß darüber, wie die Ernte ausfallen oder wie ein Kriegszug enden wird. Keine Aussaat erfolgte, kein Kriegszug wurde begonnen ohne das Orakel in der Jaromarsburg zu befragen. Heute ist nur noch ein Teil des 8 bis 10 Meter hohen Schutzwalls zu sehen. Diese Überreste stehen zwar unter Denkmalschutz, tatkräftige Tourismusplaner haben aber einen geteerten Spazierweg mitten durch das Gebiet der ehemaligen Burganlage angelegt.

Dem bequemen, geteerten Spazierweg muß man nur folgen, um nach Vitt zu gelangen.

Oberhalb der Klippen steht die Vitter Kapelle, die ihre ganz eigene Erbauungsgeschichte hat: Es hatten sich bei den Fischern während der Heringsfangzeit „Uferpredigten“ eingebürgert. Voller Nervosität warteten die Fischer Ende August, Anfang September darauf, daß sich das Wasser dunkel verfärben würde, ein Zeichen, daß ein Heringsschwarm vorbeizog. In diesen Tagen konnten sie es sich aus ökonomischen Gründen nicht leisten, in das weit entfernte Altenkirchen zum Gottesdienst zu gehen. Ihr Pfarrer hatte ein Einsehen. Er kam nach Vitt, versam-

Die Kreidefelsen sind das Wahrzeichen von Rügen.

Aber auch die Strände sind bekannt und beliebt.

melte die Fischerfamilien am Ufer und predigte ergreifend und schön. Immer wenn der Hering kam, wurde die Predigt unterbrochen, dann eilten die Männer zu ihren Booten. 1802 faßte man den Plan zum Bau der Kapelle auf den Klippen. Damals allerdings kam der Hering bereits nicht mehr so häufig. Die Handwerker erstellten einen achteckigen Zentralbau. Das Innere hielten sie schlicht, nur mit einem einfachen Altar geschmückt, dahinter das Bild „Der sinkende Petrus". Das Fresko am Eingang zeigt sehr realistisch Alltagsleben: Menschen im Sturm.

Durch einen Hohlweg gehen wir hinunter ins Dorf. Die einfachen Bauernkaten sind rohrgedeckt. Fischerboote liegen auf dem Strand. Im Dorfkrug wird dunkles Bier angeboten. Tagsüber eilen viele Touristen durch das Dorf. Autos versperren die engen Straßen – hier reiben sich Tourismus und Alltag aneinander. Erst abends wird es richtig gemütlich, wenn auch die Einheimischen im Dorfkrug sitzen und vielleicht sogar der eine oder andere Plausch beginnt.

Sicherlich werden sich die Zeiten ändern. Vitt wird sich zu einem herausge-

und ihm ein neues Verständnis von Natur, Geschichte und Leben schlechthin vermittelten.

„Nach Rügen reisen heißt nach Saßnitz reisen“, läßt Fontane eine seiner Romanfiguren sprechen. Tatsächlich war Saßnitz lange Zeit der wichtigste Badeort, wenngleich man andernorts viel besser baden kann. Saßnitz ist das wirtschaftliche Zentrum der Insel. Fischerei, Kreideindustrie und schließlich die Fährverbindungen nach Trelleborg (Schweden) und (von Makran) nach Klaipeda (Litauen) bestimmen das Leben des Ortes.
Was kann man besichtigen? Eigentlich nichts. Das Rathaus (1910) ist ein Jugendstilgebäude aus rotem Klinker. Die Johanniskirche gleich gegenüber wurde 1883 im neugotischen Stil erbaut.
Zwei geschichtliche Ereignisse bringt man in Verbindung mit Saßnitz: Die Monate Juni bis August 1876 verbrachte der Wiener Komponist Johannes Brahms in Saßnitz. Er vollendete in dieser Zeit den letzten Satz der Ersten Sinfonie in c-Moll. Nur eine einzige Nacht verbrachten Wladimir Iljitsch Uljanow alias Lenin und andere Revolutionäre 1917 in dem Ort. Sie fuhren mit Erlaubnis der deutschen Reichsregierung in einem verblombten Eisenbahnwagen von ihrem Exil in der Schweiz nach Rußland. In Saßnitz war bereits die letzte Fähre nach Schweden ausgelaufen, so daß die Russen jene Nacht im Zugabteil verbringen mußten. Bis 1990 konnte man den Lenin-Wagen (allerdings als Nachbau) besichtigen. Nach der Wende wurde er entfernt. Angeblich hat man ihn an ein russisches Museum übergeben. Der Eisenbahnwaggon stand für deutsche Geschichte, wenngleich sie vielfach ungeliebt war.
Hinter Saßnitz in den Krampaser Bergen liegen drei aufgelassene Kreidebrüche, die man besuchen kann (hinter dem Bahnhof über die Waldmeisterstraße zu erreichen).
Kreide ist ein wichtiger Rohstoff für Farben, Geschirr, Arzneien, Zahncreme, Kacheln und vieles mehr und wird auch heute noch benötigt. Die DDR stand einst nach Frankreich und Dänemark an dritter Stelle im europäischen Kreideexport. Begonnen hat der Abbau der Kreide im Jahr 1840 mit der ersten Kreideschlämmfabrik in Greifswald. Nur fünf Jahre später wurde eine Fabrik in Saßnitz in Betrieb genommen. Die Gewinnung von Kreide war eine Plagerei ohnegleichen und Kinderarbeit gang und gäbe. Immerhin lebten in den 20er Jahren über 500 Familien in Saßnitz von der Kreidegewinnung.

Südlich von Saßnitz erreichen wir bei Mukran wieder eine schmale Nehrung, über die wir nach Binz fahren. Auch hier kann man gut baden, sowohl in der Ostsee als auch im Kleinen Jasmunder Bodden. Diese Gegebenheit nutzte Hitler während des Dritten Reichs für seine Zwecke. Nationalsozialistische Seebäder sollten entstehen, die nationalsozialistische Erholungsorganisation „Kraft durch Freude“ wollte urlaubsreife Nationalsozialisten dort unterbringen. Wie alle Planungen jener Zeit war auch diese entsprechend dimensioniert: ein sechs Kilometer langer Baukomplex mit Gemeinschaftsräumen, Freizeitanlagen, Restaurants sollte 20 000 Urlauber aufnehmen. Auf einem Areal von 400 000 qm sollten Kinos, Läden, Sportanlagen und Theater entstehen. Durch den Ausbruch des Zweiten Weltkriegs blieb das Projekt Prora unvollendet. Ein Teil davon steht noch immer, lange Zeit als militärisches Sperrgebiet von der NVA genutzt.

Heute kann man durch die vereinsamten Straßen mit ihren gespenstischen, nicht fertiggestellten Betongerippen fahren. Was soll daraus werden? Abbruch oder Aufbereitung für die Geschichte?

Das mondäne Ostseebad Binz

Im größten Badeort Rügens kann sich wohl niemand heute mehr vorstellen, daß Binz eigentlich ein verschlafenes Fischer- und Bauerndorf war. Erst Mitte des 19. Jahrhunderts mauserte sich Binz zum Ostseebad. Es ist dem Fürsten zu Putbus zu verdanken. Der hohe Herr liebte das stürmische Meer,

Das Theater von Putbus könnte (fast) auch in Griechenland stehen ...

den Wind und die Wellen. Daher ließ er für den Adel ein Seebad errichten. Die gut bürgerlichen Kreise ahmten den Adel nach und plötzlich strömte alles nach Binz. Verspielte Sommerhäuser entstanden; das internationale Publikum gab sich die Ehre. Heute wirkt alles etwas angestaubt. Aber der Ostseewind weht kräftig, vielleicht weht er den Staub hinweg.
Ein besonderer Anziehungsort ist das Jagdschloß Granitz gleich in der Nähe auf dem 105 m hohen Tempelberg. Fürst Wilhelm Malte von Putbus ließ 1834 das repräsentative Gästehaus mit den vier Ecktürmen errichten. Der Fürst war jedoch mit dem Ergebnis nicht zufrieden, so daß er nach Änderungsmöglichkeiten suchte. Auf Anregung Karl Friedrich Schinkels entstand der 38 m hohe Turm im Innenhof, von dem man eine herrliche Aussicht hat. Um sie zu genießen, muß der Besucher die 154 Stufen der großartigen Wendeltreppe aus kunstvoll geschmiedetem Gußeisen überwinden. Mancher, der nicht ganz schwindelfrei ist, hat damit seine Probleme.

Wandern ist auf der Halbinsel Granitz angesagt. Wir gehen durch schattige Buchen- und Eichenwälder, vorbei an Feuchtmoorgebieten, wo Wollgräser im Wind schaukeln. Zahlreiche Hügelgräber verbergen sich in den Wäldern. Sie sind vor über 5000 Jahren entstanden.

Halbinsel Mönchgut
Das Ostseebad Göhren ist die Pforte zur Halbinsel Mönchgut, die früher im Besitz des Klosters Eldena bei Greifswald war. Einst wohnten nur Fischer in dem Fischerdörfchen Göhren, doch mit dem Aufstieg des Seebades Binz profitierte auch Göhren vom Bädertourismus. Balkongeschmückte Villen erinnern an vergangene Zeiten. Wer mehr darüber wissen möchte, ist im Heimatmuseum an der richtigen Stelle. In einem riedgedeckten, gut erhaltenen Bauernhaus sehen wir alte Gebrauchsgegenstände und -geräte der Bauern, Erntegeräte, Fischereizubehör und Kleidung im Wandel der Zeit. Einige Stuben sind originalgetreu eingerichtet. Größte Sehenswürdigkeit Göhrens ist aber ohne Zweifel der mehr als 10 km lange Sandstrand. Hier promenierten recht berühmte Leute: Caspar David Friedrich, Adolph Menzel, Lyonel Feiniger, auch Albert Schweitzer und Wilhelm Pieck (erster Staatspräsident der DDR) haben sich in das Gästebuch eingetragen.

Neben Göhren ist die Ortschaft Middelhagen besichtigenswert. In einem rohrgedeckten Fachwerkbau ist das Schulmuseum untergebracht. Es zeigt eine typische Einklassenschule und die Lehrerwohnung. In den kleinen Dörfern Lobbe und Gager fallen uns die hübschen rohrgedeckten Backsteinhäuser auf.

Das Rohrdach
Die Rohrdächer prägen die Dörfer auf Mönchgut. Seit Beginn des 19. Jahrhunderts pflegte man die Häuser mit Rohr einzudecken. Jeder Kleinbauer und Fischer konnte das Schilfrohr an den Uferrändern selbst schneiden und auf dem Dach verlegen. Hierfür wurde das Rohr in Schoofen zusammengebunden und in Mieten bis zum Frühsommer getrocknet. Ein sorgfältig gelegtes Rohrdach kann durchaus 50 oder 60 Jahre „dicht“ halten. Für die einfachen Fischer und Bauern war es die billigste Art, ein Dach zu decken.

Heute, da die Handwerkskunst des Rohrdachdeckens nicht mehr so weit verbreitet ist, hat die doch sehr aufwendige Handarbeit ihren stolzen Preis.

Überraschung in Putbus

Die Überraschung gelingt: Wir bestaunen die weiß getünchten Häuser mit den rechteckigen klassizistischen Fassaden und den bunten Rosetten unter den flachen Dächern. Wir stehen am kreisrunden „Circus".

1371 wird erstmalig ein Steinhaus von Putbus erwähnt. Später hieß es auch Schloß. Im 18. Jahrhundert fiel der Besitz an eine rügensche-dänische Adelslinie. Ein Freiherr Malte machte von sich Reden. Aber erst Graf Wilhelm Malte I. von Putbus (1783–1854) machte sich daran, den Ort Putbus herauszuputzen. Er ließ sein Schloß umbauen, eine Hauptstraße durch grüne Wiesen ziehen und gestaltete 1825 den Marktplatz großzügig. In Putbus wohnten jedoch wenige Leute, so suchte der Fürst per Inserat für seine Bauvorhaben Handwerker, die sich in seinem „Nest" ansiedeln sollten. 1836 errichtete er ein Pädagogium und begann mit der Gestaltung des kreisrunden, weitläufigen Platzes, den alle Circus nannten. Er wirkt heute wie eine Theaterkulisse aus vergangenen Zeiten. Ehrfurchtsvoll bestaunen wir die streng klassizistischen und stilvollen Gebäude, die den mit Pflanzen gestalteten Kreis umgeben. Der Obelisk in der Mitte erinnert an die Gründung des Ortes durch Fürst Malte 1810.

Die Alleestraße führt zum Marktplatz. Linker Hand erstreckt sich der weitläufige Schloßpark. Rechts steht, mit mächtigen Säulen verziert, das Theater (1819–1821), dem Putbus bis auf den heutigen Tag einen gewissen kulturellen Ruf verdankt. Der rechteckige Marktplatz wird von klassizistischen Gebäuden eingerahmt. Nur eine Seite bleibt frei, weil sie den Eingang zum Schloßpark bildet. Das Schloß wird man vergeblich suchen. Es wurde, schon stark beschädigt, im Jahr 1964 vollkommen abgerissen. Aber die Schloßkirche kann man heute noch besichtigen. Sie war eigentlich gar nicht als Kirche erbaut, sondern als Kursalon (1846–1892) zum Vergnügen für die Badegäste gedacht. 1891 wurde die Halle zur Kirche umgebaut. Der Schloßpark ist 75 ha groß und zählt zu den schönsten Parks in Norddeutschland. Man kann lange Zeit darin verweilen, ohne sich zu langweilen.

Noch eine Überraschung. Im zwei Kilometer entfernten Lauterbach finden wir das Badehaus in der Goor, eine klassizistische Säulenanlage – schlicht und beeindruckend. Badebetrieb war Anfang des 19. Jahrhunderts modern geworden und Fürst Malte liebte das mondäne Badeleben. So ließ er 1817 das Badehaus errichten. Hinter den Säulen warteten auf die Gäste zehn Wannen aus Marmor. Im Meer zu baden galt allgemein als ungesund. Dabei ist gerade das Meer an dieser Stelle besonders freundlich – fast mediterran erscheint die Szenerie.

Die verbotene Insel: Vilm

Von Lauterbach schaut man zur Insel Vilm hinüber. In DDR-Zeiten gab es dort ein Regierungsgästeheim. Nur ausgesuchten Gästen wurde es gestattet, die Insel zu besuchen und sich dort verwöhnen zu lassen. Sonst wurde die Insel als streng geschütztes Naturschutzgebiet der eigenen Entwicklung überlassen. So ist es heute noch. Eine Internationale Naturschutzakademie hat dort ihren Sitz und wiederum werden nur wenige autorisierte Besucher zu einer Naturbeobachtung auf der Insel zugelassen.

Last but not least: Garz
Garz ist die älteste Stadt auf Rügen. Die Ranen hatten in Charenza, wie der Ort damals hieß, eine mächtige Burg erbaut, von der nördlich des Garzer Sees noch Teile des Walls erhalten sind. Bereits 1316 erhielt Garz das Stadtrecht. Es gibt einige Sehenswürdigkeiten: die recht wuchtige Stadtkirche aus der Mitte des 14. Jahrhunderts, das schilfgedeckte Pfarrhaus (1750) und einige Bürgerhäuser aus dem 18. Jahrhundert. Sehenswert ist das Ernst-Moritz-Arndt-Museum, das dem berühmtesten Sohn der Insel gewidmet ist.

AUSKUNFT
Fremdenverkehrsverband Rügen e. V., August-Bebel-Str. 12, 18586 Ostseebad Sellin; Tel.: 038303/274, Fax: 038303/334.

Amt für Tourismus und Werbung, Stadt-Information, Ossenreyerstr. 1–2, 18439 Stralsund; Tel.: 03831/252251, Fax: 03831/252195

ÜBERNACHTEN
Es gibt auf Rügen insgesamt sehr viele Campingplätze. Daher beschränken sich unsere Empfehlungen hier auf Plätze, die sich besonders für Wohnmobile bzw. zum Wildcampen eignen.
Altefähr
Der Campingplatz befindet sich direkt am Strelasund und man hat einen wunderbaren Blick auf Stralsund.
Bergen
Auf dem Parkplatz für den Ernst-Moritz-Arndt-Turm (ca. 2 km außerhalb) kann man über Nacht stehenbleiben.
Kap Arkona
Am Ende des Großparkplatzes findet man einen Camperstellplatz mit Versorgungseinrichtungen. Von hier kommt man zu Fuß, mit dem Fahrrad oder dem Touristenbähnchen zum Kap Arkona und nach Vitt.
Schaprode
Der Campingplatz ist meist völlig überfüllt. Auf dem Großparkplatz am Dorfausgang darf man nicht über Nacht bleiben. Doch es gibt einen Geheimtip: Man biegt noch in Schaprode Richtung Charlottendorf ab und fährt bis zum Ende der Asphaltstraße. An der Straße ist ausdrückliches Halte- und Campverbot. Den Ackerweg weiterfahren bis zum Ende. Hier hat ein Bauer seine Wiese als Camperstellfläche ausgewiesen. Sie liegt schöner als mancher Campingplatz. Man hat den direkten Blick auf Hiddensee und als besonderen Service frische Milch und Eier.

PARKEN
Königsstuhl
Die Straße von Hagen zum Königsstuhl ist gesperrt. Man muß das Auto auf dem ausgeschilderten Großparkplatz abstellen und mit dem Zubringerbus zum Königsstuhl fahren.
Schaprode
Es gibt einen Großparkplatz am Ortseingang.

HIGHLIGHTS
Bergen
* Ernst-Moritz-Arndt-Turm
Hiddensee
* Gerhardt-Hauptmann-Gedenkstätte in Kloster (Öffnungszeiten: tägl. 10–17 Uhr)
Königsstuhl
* Kreidefelsen
Ostseebad Binz
* Jagdschloß Granitz (außerhalb an der Straße nach Bergen/Göhren)
Stralsund
* Alter Markt mit Rathaus und Nikolaikirche
* Kulturhistorisches Museum (Öffnungszeiten: Di-So 10–17 Uhr)
* Marienkirche (Ausblick vom Turm!)
* Meeresmuseum (Öffnungszeiten: tägl. 9–18 Uhr)

„Besucher, näherst Du Dich Greifswald vom Norden her, empfängt Dich die Silhouette der Stadt mit den Türmen von St. Marien, St. Nikolai und St. Jakobi. Sie künden von einer alten Hanse- und Universitätsstadt ...“
So präsentiert der Fremdenverkehrsverband die Stadt im Norden. Greifswald ist Caspar-David-Friedrich-Stadt. Er erblickte 1774 in Greifswald das Licht der Welt. Er ließ sich von der Schönheit der Landschaft inspirieren und zumindest zwei seiner berühmtesten Bilder stammen aus der Umgebung von Greifswald: „Wiesen bei Greifswald“ und „Ruine Eldena“. Heute ist der Blick auf Greifswald nicht ganz ungetrübt. Noch viel ist zu schaffen ...

Usedom: zwischen Greifswald und Anklam

Zisterziensermönche gründeten um 1200 das Kloster Eldena. Sie förderten die wirtschaftliche und städtische Entwicklung Greifswalds wesentlich. Die Mönche beuteten bereits die Salzquellen im Rosental nördlich des Ryckflusses aus. Der rege Handel mit dem kostbaren Salz machte zu Anfang des 13. Jahrhunderts die Anlage eines Marktes erforderlich. Kolonisten zogen hinzu und man sprach von dem Ort als „oppi-

Das Rathaus von Wolgast

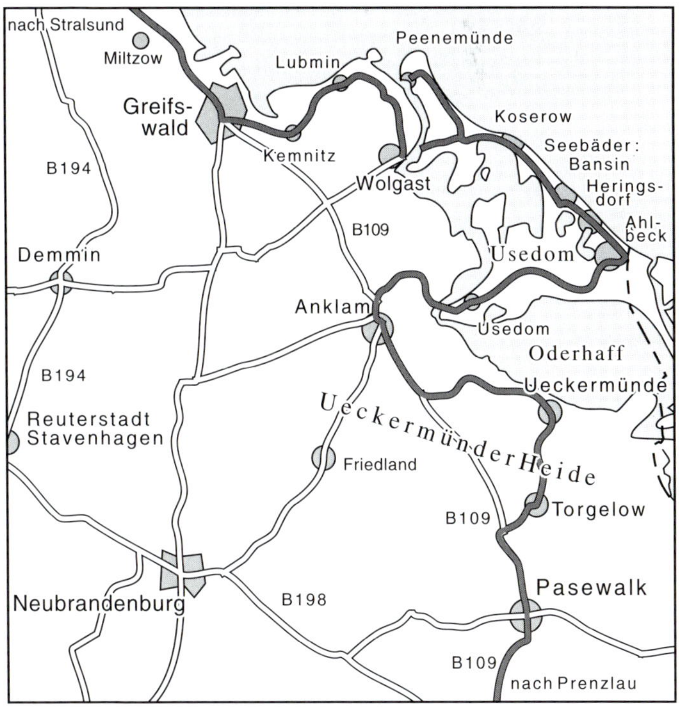

dum Gripheswald". Mit Verleihung des Lübischen Rechts durch Herzog Wartislaw III. am 14. Mai 1250 wurde die Siedlung zur Stadt erhoben. In dieser Zeit entstanden drei Kirchen, die die Silhouette der Stadt prägen, und die Stadtmauer. 1278 schloß sich Greifswald der Hanse an. 1456 nahm die Bedeutung der Stadt durch die Gründung der Universität noch weiter zu. So weit so gut . . .

Der Dreißigjährige Krieg setzte der Stadtentwicklung ein jähes Ende. Vier Jahre lang litt Greifswald unter der Besetzung durch Wallensteins Truppen. Sie brachten Plünderung, Zerstörung, dann Pest und Hungersnot ins Land.
Noch mehrmals im Lauf der Geschichte suchten Kriege die Stadt heim. Im Zweiten Weltkrieg hatte man viel Glück. Die Stadt blieb unzerstört und erholte sich nach dem Krieg. Durch die Orientierung auf die Neubaugebiete wurde jedoch die Altstadt vernachlässigt und die bedeutenden Baudenkmäler gerieten teilweise in einen bedenklichen Zustand. Restaurierung heißt heute die vordringliche Aufgabe.

Wirklich sehenswert ist in Greifswald die gotische Backsteinarchitektur der Hansezeit. Der ehemalige Markt zeigt die besten Beispiele mit zwei gotischen Giebelhäusern aus dem 15. Jahrhundert (an der Ostseite). Das ursprünglich gotische Rathaus wurde nach Bränden im Barockstil mit Volutengiebel und Arkaden umgestaltet. Hier fand die kampflose Übergabe der Stadt zu Kriegsende 1945 statt. Daran erinnert die vom Künstler Joachim Jastram geschaffene zweiflügelige Bronzetür.
Auch der Innenhof des ehemaligen Spitals St. Spiritus mit seinen rekonstruierten eingeschossigen Reihenhäusern, in denen kleine Werkstätten untergebracht sind, erinnert an die einstige städtische Pracht.
Die Fußgängerzone ist nicht groß. Auch an ihren Häusern nagte der Zahn der Zeit; aber an ihnen wird bereits fleißig restauriert. Das Museum für Stadtgeschichte befindet sich in dem Guardianhaus des um 1320 errichteten ehemaligen Franziskanerklosters bei den Wallanlagen.

St. Marien ist die älteste Pfarrkirche, eine gotische Hallenkirche mit geradem Chorabschluß. Der Dom St. Nikolai ist die bedeutendste der Kirchen – nicht nur weil hier der evangelische Bischof von Vorpommern seinen Sitz hat. Der Bau wurde wohl um 1250 begonnen und im 14. Jahrhundert in eine Basilika umgewandelt. Erst im 15. Jahrhundert fügte man den Turm hinzu. Der damalige Spitzhelm stürzte bei Stürmen herab und wurde schließlich durch den heutigen Barockhelm ersetzt. 1977 entschlossen sich die Kirchenbehörden, den Dom grundlegend zu restaurieren. Dabei entdeckte man gotische Wandmalereien und legte sie frei. Die sehenswerten Fresken stammen aus der Zeit von 1420 bis 1450.
Schließlich ist noch St. Jacobi, die Pfarrkirche der Neustadt, zu erwähnen. Die ursprünglich zweischiffige Hallenkirche (1250) wurde im 14. Jahrhundert in eine dreischiffige Kirche umgebaut. Von ihrer mittelalterlichen Innenausstattung blieb nichts erhalten.
Die Gründung der Universität geht auf den Greifswalder Bürgermeister Heinrich Rubenow zurück, der 1456 als erster Rektor eingesetzt wurde. Die Bürger sind sehr stolz auf ihre „Geistesschmiede". Die nach Ernst Moritz

Arndt benannte Universität ist zwar klein, aber durchaus attraktiv für Studenten. So streng, wie das Studentenleben anscheinend 1774 reglementiert wurde, geht es heute nicht mehr zu: *„Solche, die sich zwar für Studiosos geben, aber den Studien nicht obliegen, sondern die Zeit mit Müßiggehen, mit Saufen, Schwelgen und Schwärmen zubringen, andere am Studieren durch zudringliche Besuche und Beschmausungen hindern, auch wohl davon Profeßion machen, daß sie durch Plaudereyen zwischen Studiosis anrichten und sie zum Balgen, Raufen und allerlei unnützen Händel verführen, sollen auf der hiesigen Universität durchaus nicht geduldet werden."*

Die Ruine des Zisterzienserklosters Eldena ist durch den romantischen Maler Caspar David Friedrich weithin bekannt geworden. Hier stehen wir am historischen Beginn der Siedelung von Greifswald. Bereits im Dreißigjährigen Krieg wurde das Kloster zerstört, die Schweden haben es teilweise abgerissen. Im 19. Jahrhundert wütete ein verheerender Brand. 1828 begannen die ersten die Bausubstanz erhaltenden Restaurierungsarbeiten an den einsturzgefährdeten Ruinen. Heute pilgern viele Touristen hierher – auf der Suche nach dem Bildmotiv von Caspar David Friedrich. In den gut gesicherten Ruinen hat man eine Freilichtbühne errichtet und veranstaltet im Sommer Konzerte und Theatervorstellungen.

Eine hölzerne Zugbrücke, nach holländischen Vorbildern erbaut und über 100 Jahre alt, verbindet die beiden Ortsteile Eldena und Wieck miteinander. Wieck ist ein altes Fischerdorf mit zum Teil rohrgedeckten Häusern aus dem 18. und 19. Jahrhundert. Ein schöner Spaziergang führt uns entlang des Ryck, der hier in den Greifswalder Bodden mündet. Wir beobachten Fischkutter und Ausflugsboote. Einmal im Jahr findet das Fischerfest mit einer Gaffelrigg (eine Art Schiffsparade) mit historischen Segelbooten statt. Kutterrudern, Ryck-Hangeln und Neptuntaufen gehören zu dem ausgelassen gefeierten Fest.

Baden am Greifswalder Bodden

Flach ist das Land, nur Kiefern und Sand bieten sich dem Betrachter dar. Liebe auf den ersten Blick bringt wohl nur der auf, der hier aufgewachsen ist. Ein solcherart Verliebter dichtet so:

Unser Land
Blicke ringsum in die Weiten,
weiße Segel ziehn im Wind,
Boote übers Wasser gleiten,
im Angelkahne sitzt ein Kind.

Grüne Wiesen, weites Land,
dichte Wälder, stille Seen,
Blumen blühn am Wegesrand,
einen Augenblick bleib' stehn.

Sind auch Wolken regenschwer,
läßt die Sonne sich nicht sehn,
braust der Sturm von Norden her,
unser Land ist immer schön.

Seit 1886 bezeichnet sich Lubmin bereits als Badeort. 1887 zählte man schon 170 Badegäste, bis 1910 stieg die Zahl auf 2455. Und jetzt zieht das Örtchen immer mehr sonnenhungrige Gäste an. Das Wahrzeichen von Lubmin ist seine 245 m lange Seebrücke. Bekannt geworden ist der Ort allerdings auch durch ein Kernkraftwerk, das, nur wenige Kilometer entfernt,

1973 seinen Betrieb aufnahm. Seit 1989 ist es aus Sicherheitsgründen abgeschaltet.

Freest ist ein altes Fischerdorf an der Mündungsbucht der Peene. Auch heute noch liegen Fischkutter im geschützten Hafen. Doch man macht sich Hoffnung, am Freizeitgeschäft teilhaben zu können. Immer mehr Yachten legen hier an, sie überwintern im günstig gelegenen Hafen.
An den Stränden kann man ganz gut baden. Die Infrastruktur ist noch nicht genügend entwickelt, aber das kann ja alles noch kommen ...
Wir schauen über den Peenestrom. Auf der anderen Seite liegt Peenemünde. Vage Erinnerungen an die Vergangenheit verknüpfen sich zunächst mit dem Namen. Wir werden den Ort bald besuchen ...

Katzow heißt der Ort, der wirklich nicht erwähnenswert wäre, befände sich hier nicht ein „Skulpturenpark“. Mehr als skeptisch nähern wir uns dem Kunstereignis und sind begeistert: Locker auf einem freien Feld verteilt, als sei die Natur ein Teil der Kunst, stellen deutsche und polnische Künstler gemeinsam ihre Arbeiten aus: Plastiken und Skulpturen aus unterschiedlichem Material, aus Metall, Holz, Stoff, Glas oder auch Kunststoff. Gegenständliches und Abstraktes stehen wie zufällig nebeneinander und dazwischen weiden Schafe. Ein Mann erklettert eine Stange, Metallkörper streben in den Himmel, Pfeile weisen in eine Richtung, Metallplatten drehen sich im Wind. Vieles bleibt ohne Namen und uns selbst bleibt es überlassen, uns unsere eigenen Gedanken zu machen.

Straßenpanorama in Greifswald

Wolgast nennt sich Tor zur Insel Usedom
Am Anfang stand eine slawische Burg. Im 12. Jahrhundert wurden die Slawen durch die Franken vertrieben. Der Ort entwickelte sich zur Stadt, die durch Handel reich wurde und die sogar dem Hanse-Städtebund angehörte. Seit 1285 war Wolgast sogar Sitz der pommerschen Herzöge, die sich ein Schloß erbauten.
Später wurde Wolgast wie so viele andere Städte der Region belagert, erobert, niedergebrannt, geplündert. Kein Wunder, daß es nur wenige historische Gebäude gibt. Die Kirche St. Petri gehört dazu, die frühere Hofkirche der pommerschen Herzöge. Mächtig überragt ihr stumpfer Turm die Altstadt. Wir steigen die 184 Stufen hoch auf den 56 m hohen Kirchturm. Weit kann man über die Stadt und das flache Land sehen.
Ein Spaziergang durch die Altstadt führt an einigen recht interessanten Bauten vorbei. Da ist das Rathaus, ursprünglich gotisch, später barock

„verschönert". Noch manche alte Kaufmannshäuser mit den typischen Kornböden erinnern an gute alte Zeiten.
Der bedeutendste Sohn der Stadt ist Philipp Otto Runge, 1777 in Wolgast geboren. Er ist neben Caspar David Friedrich der bekannteste Maler der Frühromantik. Über sein Leben und Wirken erfährt man im Heimatmuseum, das wegen seiner Form von den Einheimischen etwas respektlos „Kaffeemühle" genannt wird.
Wolgast ist noch immer stolz auf seinen Hafen. Dort steht ein wichtiges Denkmal der Stadtentwicklung: der Getreidespeicher. Er hat respektable Ausmaße: 80 m lang, 18 m breit mit einem Fassungsvermögen von gut 5000 Getreidetonnen.

Usedom: zwischen Greifswald und Anklam

Wenn wir Richtung Zinnowitz und Koserow fahren, bewegen wir uns schon lange auf Usedom, der zweitgrößten deutschen Insel.
Doch ehe wir den Seebädern zueilen, wenden wir uns auf der anderen Seite des Peenestroms nach Norden und fahren fast bis zur Mündung des großen Stroms. Dort liegt Peenemünde. Jahrzehntelang durfte kein Unbefugter das absolute Sperrgebiet betreten. Einige Schilder machen darauf aufmerksam, daß in den Wäldern noch Munition lagern kann, daß nicht alles geräumt sei und der Besucher auf Straßen und Wegen bleiben möge.
Einst schlief Peenemünde den gerechten Schlaf eines einfaches Fischerdörfchens ... bis man im Dritten Reich hier die Heeresversuchsanstalt einrichtete. Hinter diesem recht harmlosen Namen verbarg sich eine Forschungsstelle für den Bau von Raketen unter der Leitung von Wernher von Braun. Sicherlich gilt es, den technischen Pioniergeist zu lo-

Greifswald ist für seine gotische Backsteinarchitektur berühmt.

Peenemünde war einst die geheime Raketenstadt.

ben, sicherlich stellt man fest, daß hier die Grundlagen der Raumfahrt geschaffen wurden. Aber gleichzeitig muß man darauf hinweisen, daß gerade an diesem Ort berüchtigte Raketenwaffen wie die legendäre V2 entwickelt und gebaut wurden, die später den Tod nach London trugen. Heute befindet sich in den wenigen übriggebliebenen Gebäuden ein historisch-technisches Informationszentrum der Raumfahrt. Es zeigt technische Errungenschaften auf, aber auch die wechselvolle Geschichte des Ortes. Mit zwiespältigen Gefühlen gehen wir durch das Museum.

Wann ist eine Insel eine Insel?

Eigentlich ist Usedom keine Insel mehr. Diesen Umstand verdankt sie großzügig gerechnet 500 Metern Sand, die das Achterwasser zum Binnensee und so die Insel zum Festland haben werden lassen. Ist man nicht so penibel, kann man Usedom durchaus. als Insel bezeichnen. Von den 445 qkm gehören genau 354,2 qkm zu Mecklenburg-Vorpommern. Der östlichste Teil mit der Stadt Swinemünde (Swinoujscie) ist polnisch.

Dünen und Fichtenwälder, daneben Moorlandschaften bestimmen das Bild der flachen Insel. Entlang der Ostsee reihen sich die Badeorte wie Perlen auf einer Seidenschnur. Zinnowitz ist der größte unter ihnen, von Laub- und Nadelwäldern umgeben. Wie alle Seebäder kokettiert Zinnowitz mit seinem weiten Ostseestrand, seinem Hafen und vielen ruhigen Spazierwegen am Achterwasser.

Das gilt für alle gleichermaßen: Der sich weit dehnende Strand bezaubert durch den hell leuchtenden, feinkörnigen Sand. Dahinter bildet das Grün von Wiesen und Wäldern schöne Kontraste. Zusammen mit dem stets wechselnden Blau von Meer und Achterwasser kommt eine einfache, aber faszinierende Farbsymphonie zustande.

In Lütten-Ort an der engsten Stelle, wo Ostsee und Achterwasser sich fast berühren und die Insel keine Insel mehr ist, stehen Wohnhaus und Atelier des Künstlers Otto Niemeyer-Holstein. Es ist eigentlich kein Museum, sondern ein kunstvoll angelegter Garten mit Plastiken, einem Haus, einem Atelier und einer großen Sammlung von Bildern. Man spürt überall die Individualität des Künstlers. Hier hat er nicht nur gemalt und Kunst geschaffen, sondern auch mehr als 50 Jahre mit seiner Familie gelebt und das Land urbar gemacht.

Otto Niemeyer wurde 1896 in Kiel geboren. Im ersten Weltkrieg zog er an die Front. Psychisch krank kehrte er zurück und suchte in seiner Malerei die nötige Heilung. Landschaft und Stilleben dominieren in seinen Bildern. 1933 erwarb er das Grundstück am Achterwasser. Er zog sich zurück. Da er als „entarteter Künstler“ galt, gab es für ihn während des Dritten Reichs kaum Ausstellungsmöglichkeiten. So malte er für sich und seine Freunde. Am Zweiten Weltkrieg nahm er nicht mehr teil. Er fuhr als Eisenbahner durch das Kriegsland. Dafür mußte sein Sohn Peter an die Front, wo er auch starb. Nach dem Krieg endlich konnte er ausstellen. Er fand Anerkennung, schaffte rastlos und malte Bilder für viele Ausstellungen. Aber er nahm sich auch immer wieder Zeit für seinen Garten und sein Haus. Es wurde zum zentralen Thema seiner Bilder. 1984 starb er; in seinem Garten und seinem Haus lebt er weiter. Ein Spaziergang durch die Räume wird zu einer Begegnung mit dem Künstler.

Ohne Mühe kann man sich vorstellen, daß Koserow eines der Verstecke des großen Seeräubers Klaus Störtebeker war. In den Buchten und zwischen den vielen Seen ließen sich die Segelboote gut verstecken, in den Höhlen des Streckelberges verbarg man sich. Manche seiner Überfälle und Kaperfahrten hat der Pirat von hier aus geplant und durchgeführt.
Heute droht keine Gefahr mehr vom Störtebeker. Man erzählt sich nur noch seine Geschichten. Beute kann man aber noch kaufen, die Beute der Fischer, die frisch ihren Fang anbieten. Fisch schmeckt köstlich auf Usedom.

Gleich drei Seebäder in einer Reihe
Bansin ist die jüngste der drei Schwestern. Zwar gibt es den Namen Banzino bereits seit 1256, aber offiziell gegründet wurde der Ort 1897 von der Heringsdorfer Aktiengesellschaft, um den Badetourismus zu fördern. So ist es auch nicht verwunderlich, daß sich der Ort langgestreckt an den Strand schmiegt und alle Häuser, Pensionen, Cafés und Restaurants an der Strandpromenade liegen. In den zwanziger Jahren erhielt Bansin als erster Badeort Usedoms eine Freibade-Erlaubnis. Sie lockerte die bis dahin strengen Sitten des Badelebens merklich: Die Gäste durften erstmals vom Hotel im Bademantel zum Strand gehen.

Heringsdorf, die Mittlere, ist das Zentrum. 1818 siedelten sich die ersten Fischer in dieser Gegend an. Sie fingen hauptsächlich Heringe, wie der Name noch beweist. Bereits 1824 besuchten die ersten Badegäste das Fischerdorf. 1872 wurde eine Aktiengesellschaft gegründet. Sie sollte aus dem Fischerdorf einen Badeort mit Flair machen. Tatsächlich schuf man zielstrebig die notwendige Infrastruktur, warb in ganz Deutschland mit dem guten Usedomer Klima und baute Heringsdorf planmäßig zu einem Seebad erster Klasse aus. Erster Klasse waren dann auch die Gäste: Die Prinzen von und zu Hohenzollern gaben sich die Ehre. Alles, was Rang und Namen hatte, traf sich zur Badesaison in Heringsdorf. Bei einem Spaziergang entlang der Strandpromenade sieht man viele altehrwürdige Villen. Die meisten von ihnen haben zwar schon einmal bessere Zeiten gesehen, aber sie beeindrucken noch immer. In der Villa Irmgard wurde ein Museum eingerichtet. Da kann man in der Geschichte des Ortes kramen oder sich mit namhaften Künstlern wie Tolstoj, Schaljapin und Rakitzki beschäftigen. Sie haben sich alle in der guten Seeluft erholt. Nicht zu vergessen ist natürlich der Dichter Maxim Gorki. Er hielt sich 1922 längere Zeit in Heringsdorf auf.
Auch das Muschelmuseum ist ganz reizvoll. Da wundert man sich, was sich aus Muscheln alles an Gebrauchs- und

Kunstgegenständen herstellen läßt. Von der Kunst zum Kitsch ist der Weg nicht weit.

Ahlbeck ist die Schönste. 1771 siedelten hier die ersten Kolonisten. 1852 trafen die ersten Sommergäste ein. Aber so zielstrebig wie in Heringsdorf nahm man sich des neuen Wirtschaftszweiges nicht an. Eigentlich wollte man eher Fischerdorf bleiben. Aber die Badegäste drängten sich regelrecht auf. Heute kann man an der Ahlbecker Promenade die weißen Villen der Gründerzeit mit ihren Säulen, Erkern und Türmen bewundern. Aber die wichtigste, viel fotografierte Sehenswürdigkeit ist wohl die Seebrücke. Über dem Wasser ruht ein großer Pavillon mit vier Türmchen auf Pfählen. Schon von weitem sieht man das Wahrzeichen. Dabei diente die Seebrücke zuerst lediglich als Plattform, an der die Dampfer festlegen konnten.

Alle drei Seebäder sind miteinander durch eine wunderschöne Promenade verbunden. Sie nötigt einen direkt zum Spazierengehen oder Radfahren. Der Sandstrand ist feinkörnig, das Meer manchmal durchaus wild. Schwimmen und surfen macht dann besonders viel Spaß. Trotz Muschelmuseum kann man nicht davon ausgehen, am Strand viele Muscheln zu finden. Die Ostsee spült nur wenige ans seichte Ufer. Dafür fangen die Fischer umso mehr Fische; früh am Morgen werden sie am Strand verkauft.

Manche gelüstet es nach Grenze. Hier sind sie richtig. Hier können sie noch Stacheldraht besichtigen, der bis zum Strand reicht. Auch Postenhäuschen

Die Ruine des Klosters Eldena ist erst durch Caspar David Friedrich bekannt geworden.

sieht man noch, wenngleich auch auf polnischer Seite keine Posten mehr wachen.
An der Straße befindet sich der reguläre Grenzübergang. Der kleine Grenzverkehr wird viel genutzt. Unterschiedliche Güter, aber immer viel und schwer, schleppen die Grenzgänger von jeweils einer Seite zur anderen.
Swinemünde ist nicht weit. Ein erster Kontakt mit Polen läßt sich hier einfach herstellen.

Usedom – eine Stadt auf einer Insel
Es ist wahrscheinlich, daß der wendische Name der Stadt nichts anderes als Mündung bedeutet. Schließlich liegt Usedom an der Mündung von Oder und Peene gleichermaßen. Usedom macht auf uns einen sauberen, freundlichen Eindruck. Dazu trägt der im Stadtbild vorherrschende Backstein bei. Die weißen Rosetten, die allenthalben als Verzierungen dienen, geben den letzten Pfiff. Zu den schönsten Bauten gehören die Marienkirche und das Anklamer Tor. Im gut restaurierten Torturm ist die Heimatstube untergebracht. Die kleinen Nischen und Räume des Tores sind angefüllt mit Gerätschaften von Bauern und Fischern. Öffnet man die Luken im Dachgeschoß, so hat man einen schönen Blick über die Stadt.
Usedom ist alt. Schon in slawischer Zeit war der Ort Verwaltungszentrum, ab 1254 hatten deutsche Burgvögte das Sagen. 1298 erhielt der Ort das Stadtrecht nach Greifswalder Vorbild. Der wirtschaftliche Durchbruch fand nicht statt, Usedom blieb Ackerbürgerstadt. Dennoch, die Stadt war eine Zeitlang so reich, daß sie den Bürgern sogar die Steuern erlassen konnte. Die repräsentativen Bürgerhäuser und ihre schön geschnitzten und bemalten Türen geben Zeugnis aus guter Zeit. Natürlich zeigt auch die mächtige spätgotische Marienkirche diesen Reichtum. Den Turm besteigen wir. Von dort oben wirken der Marktplatz und das Rathaus richtig klein. Wir können sogar bis zum Hafen hinübersehen. Fischerboote liegen vor Anker. Hier wird jeden Morgen wie eh und je der Fang verkauft.

Wer etwas für den technischen Fortschritt übrig hat, sollte einen kleinen Abstecher nach Karnin einplanen. Bis zum Zweiten Weltkrieg konnte man mit der Eisenbahn von Ducherow nach Usedom fahren. Über die breite Peenemündung spannte sich eine Hubbrücke von insgesamt 600 Metern Länge. Man hat sie im Zweiten Weltkrieg gesprengt und die Eisenbahnschienen schließlich nach dem Krieg abmontiert. Nur das Mittelstück der Brücke, die Hubbrücke steht noch in der Landschaft, großmächtig und irgendwo beeindruckend.

Bei Anklam kehren wir zum Festland zurück. Anklam liegt recht günstig an der Peenemündung und an der Ostsee. Kein Wunder, daß die Stadt „Karriere" machte: 1243 erstmals urkundlich erwähnt, 1264 zur Stadt ernannt und 1283 in den Hanse-Städtebund aufgenommen.
Wie alle Städte ringsum litt es unter mancherlei Kriegen zwischen dem Dreißigjährigen Krieg und dem Zweiten Weltkrieg, als die Stadt zu 70 Prozent zerstört wurde.
Wahrzeichen der Stadt ist das Steintor, ein 32 m hohes Torhaus (1450), ein quadratischer Backsteinbau mit Blendengliederung und Staffelgiebel. In den Räumen des Steintors ist das Heimatmuseum untergebracht. Die Stadtge-

Usedom: zwischen Greifswald und Anklam

schichte wird sehr schön präsentiert: Alltags- und Einrichtungsgegenstände aus vergangenen Zeiten geben einen guten Überblick. Über 111 Stufen klettern wir nach oben bis zum letzten Schauraum und werden schließlich noch zusätzlich belohnt durch die schöne Sicht.
Die einzige erhaltene Kirche ist die Marienkirche, eine große dreischiffige Hallenkirche.

Besonders sehenswert ist das Otto-Lilienthal-Museum. Erst bei diesem Stichwort registrieren die meisten Besucher, daß der Flugpionier Otto Lilienthal (1848–1896) in Anklam geboren wurde. Er studierte den Gleitflug der Vögel und versuchte, ihn mit Flugkonstruktionen nachzubilden. Viele seiner Originalgeräte oder Nachbauten sind in dem Museum zu sehen, das einen guten Überblick über sein Leben ermöglicht. Besonders faszinieren uns die aufgebauten Experimente, die wir selbst ausprobieren dürfen. Und für die Kinder hat man Baukästen aufgestellt. Wer weiß schon, daß die Lilienthal-Brüder den ersten Holzbaukasten „erfunden" haben?

AUSKUNFT
Fremdenverkehrsverband „Insel Usedom" e.V., Bäderstr. 4, 17459 Ueckeritz; Tel.: 038375/7693, Fax: 038375/7694

ÜBERNACHTEN
Anklam
Es gibt keine gute Übernachtungsmöglichkeit. Zum Wildcampen kann man sich in der Ueckermünder Heide ein ruhiges Plätzchen suchen.
Seebad Bansin
An der Ortseinfahrt gibt es einen Camperstellplatz. Alle Versorgungseinrichtungen sind vorhanden. Der Platz ist ein guter Ausgangspunkt für die Besichtigung der Seebäder.
Freest
Bei Freest gibt es zwei Campingplätze; sie sind nur als Etappenrastplatz zu empfehlen.
Seebad Heringsdorf
Bei der Kirche befindet sich ein Camperstellplatz mit allen Versorgungseinrichtungen.

PARKEN
In den Seebädern ist das Parken in Strandnähe nicht möglich. Man muß jeweils am Ortsrand nach einem Parkplatz suchen.
Greifswald
Es gibt in Altstadtnähe an der Durchgangsstraße mehrere große Parkplätze.
Wieck
Vor der Holländerbrücke, die man nicht befahren kann, befindet sich ein großer Parkplatz.

HIGHLIGHTS
Anklam
* Otto-Lilienthal-Museum (Öffnungszeiten: Di-Fr 9–16 Uhr, Sa und So 14–17 Uhr)
* Steintor (Öffnungszeiten: Mi-Fr 9–16 Uhr, Sa und So 14–17 Uhr)

Greifswald
* Dom St. Nikolai
* Fischerdorf Wieck
* Klosterruine Eldena

Koserow
* Garten, Haus und Atelier von Otto Niemeyer-Holstein (nur mit Führung zu besuchen)

Peenemünde
* Museum in der ehemaligen Heeresversuchsanstalt

Seebad Heringsdorf
* Museum Villa Irmgard (Öffnungszeiten: Mo-Do 9–12 und 14–16 Uhr)

Seebad Ahlbeck
* Seebrücke

Von der Ueckermünder Heide bis zum Oderbruch

Das Wort Uecker kommt von „U kraj“ und bedeutet „an der Grenze“. Gemeint ist die Grenze zwischen den ethnischen Volksgruppen der Lutizen und den Pommern.

Pommern, so steht in den Prospekten des Fremdenverkehrs zu lesen, sei hier in Reinkultur zu erleben. Wir empfinden den Vorpommern als sehr weiträumig. Die Ueckermünder Heide dehnt sich . . .

Einer der Türme von Ueckermünde gehört zur Kirche, der andere zum Renaissanceschloß, der ehemaligen Residenz der pommerischen Herzöge. Davon sind noch der Ostflügel und der Bergfried erhalten. Seit 1781 hat sich der Rat der Stadt hier niedergelassen. Außerdem befindet sich dort das Haffmuseum. Schwerpunkt der Ausstellung ist die Geschichte der Stadt, aber auch die Entwicklung von Schiffahrt und Fischfang kommen nicht zu kurz. Vom Schloßturm hat man den schönsten Blick über das Stettiner Haff.
Die Stadtkirche St. Marien stammt aus den Jahren 1753 bis 1766. Erst hundert Jahre später, 1863, fügte man den Turm an den Kirchenbau an.

Besonders stolz aber sind die Einheimischen auf ein paar wirklich schöne Fachwerk-Bürgerhäuser, die unter anderem am Marktplatz zu finden sind. Es wird fleißig renoviert, die Stadt wird bald in neuem Glanz erstrahlen.
Der malerische Hafen umfaßt einen Teil der Uecker. Kleine Schiffe haben am Kai festgemacht, rechts und links stehen die stattlichen alten Bürgerhäuser.

Von Torgelow haben wohl die meisten Besucher noch nicht gehört und sie werden den Ort auch bald wieder vergessen: eine kleine Industriestadt. Aber in der Umgebung gibt es viele Gestüte. Die Pferdezucht gehört zu einem wichtigen Wirtschaftszweig. Pferdenarren kommen hier auf ihre Kosten.

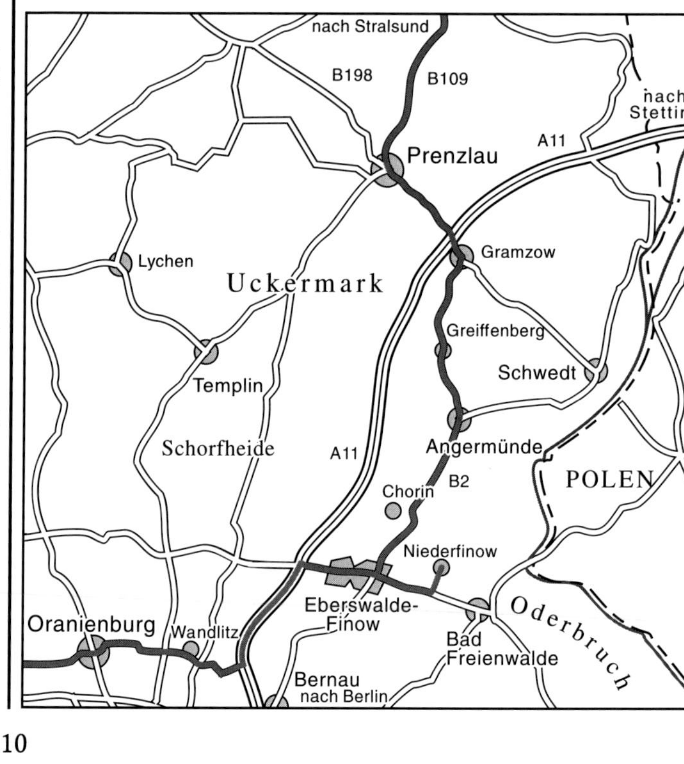

Pasewalk liegt an der Grenze zu Brandenburg

Der Ort liegt am Mittellauf der Uecker. Schon 1187 wurde Pasewalk urkundlich erwähnt und bereits 1250 erhielt es magdeburgisches Stadtrecht. Später trat Pasewalk sogar der Hanse bei. Um das Städtchen stritten sich die Pommern und die Brandenburger, da die Grenzen manchmal wechselten. Ab 1529 gehörte der Ort schließlich fest zu Pommern und wurde gut befestigt.

Teile der Stadtbefestigung kann man heute noch besichtigen. Ein schlanker zylindrischer Turm über einem quadratischen Sockel mit Zinnenkranz und Turmhelm, offensichtlich ein Beobachtungsturm, hieß „Kiek in die Mark".

Die Marienkirche in der Oberstadt ist eine mächtige dreischiffige Hallenkirche, ein Backsteinbau aus dem 14. Jahrhundert. In der Unterstadt dominiert die Nikolaikirche, ehemals ein Feldsteinbau aus dem 13. Jahrhundert.
Es lohnt sich, der alten Maueranlage nachzuspüren. Einige Türme geben ein beredtes Zeugnis: der Pulverturm, ein runder Backsteinturm mit Zinnenkranz und achteckigem Helm und der schon erwähnte Turm „Kiek in die Mark". Zwei Tore gehören noch dazu, das Mühlentor und das Prenzlauer Tor mit einem dreigeschossigen Blendenschmuck. Die Tore als repräsentative Vistienkarte der Stadt hat man meist, so auch hier, besonders aufwendig gearbeitet.
Ein Denkmal im Zentrum ist Oskar von Picht gewidmet, dem berühmtesten Sohn der Stadt. Wer ist Oskar von Picht? Er ist der Erfinder der Blindenschreibmaschine.
Im Mittelalter war Pasewalk besonders durch sein Bier berühmt. Es wurde nach dem Ort „Pasenelle" genannt. Heute versucht man, diese Tradition wieder aufleben zu lassen. Wohl bekomm's ...

Chorin ist für eine Überraschung gut. Das Kloster und seine Kirche entpuppen sich als ein vorbildliches Beispiel der Backsteingotik.

Die alte Hauptstadt der Uckermark: Prenzlau

Manchmal wirkt eine Stadt vom ersten Moment an unsympathisch. Natürlich spielt das Wetter eine Rolle: Der Himmel war in Prenzlau wolkenverhangen und düster, es regnete. Und die Stadt selbst? Wir fuhren durch die Straßen und sahen nur graue, fantasielose Plattenbauten. Wir suchten einen Campingplatz und fanden keinen. Die touristische Infrastruktur ist nur in Ansätzen entwickelt. Zu Recht vermutlich. Wer besucht schon Prenzlau? Die Stadt zählt nicht zu unseren Traumzielen. Dabei war Prenzlau einmal die alte Hauptstadt der Uckermark.

Seit dem Jahr 1287 umgab eine steinerne Mauer die Stadt, 1374 hielt Kaiser Karl IV. einen Hoftag in Prenzlau ab. Im Mittelalter hatte die Stadt regionale Bedeutung. Kriege, Plünderungen und Brände beeinträchtigten das städtische Leben, aber immer wieder erholte sich die Stadt, faßten die Bürger neuen Mut. Die letzte Katastrophe brach am 27. April 1945 herein, als nach einem Bombenangriff eine Feuersbrunst die Stadt zerstörte. Der Neuaufbau verwischte die letzten Konturen des Stadtbilds vollends. Plattenbauten beherrschen weitgehend das Bild.

Aber es gibt auch Ausnahmen: Die mächtige Marienkirche (1325–1340), die Hauptpfarrkirche der Stadt, gehört zu den bedeutendsten mittelalterlichen Backsteinbauten in Norddeutschland. Auch sie wurde im Zweiten Weltkrieg so stark beschädigt, daß nur die Mauern des Vorbaus und die Umfassungswände des Langhauses erhalten blieben. Erst 1972 begann der Wiederaufbau, der bis heute noch nicht vollständig abgeschlossen werden konnte. Und dennoch, trotz aller Schicksalsschläge, die Kirche beeindruckt uns. Besonders interessant sind die beiden Türme mit den unterschiedlichen Abschlüssen. Jeden Sommer werden in der Marienkirche Konzerte der Uckermärkischen Musikfestspiele gegeben. Die Kirche bildet einen würdigen Rahmen für klassische Musik.

Wir wollen noch weitere Zeugen der Prenzlauer Vergangenheit aufrufen: die wuchtigen Stadttore.

Ganz anders: Angermünde

Wie unterschiedlich die Geschichte schreibt. Angermünde blieb von den Bomben des Zweiten Weltkriegs verschont und erscheint uns wie ein Schatzkästchen. 1230 entstand eine erste Siedlung, 1492 erhielt der Ort die Marktrechte, später auch eine eigene Münze. Der Dreißigjährige und der Siebenjährige Krieg brachten große Zerstörungen mit sich, aber im Zweiten Weltkrieg blieb die Stadt verschont. So ist die mittelalterliche Stadtgestaltung in ihrer Anlage weitgehend erhalten geblieben.

Mittelpunkt von Angermünde ist der rechteckige Markt mit einem spätbarocken Rathaus (1828) und einer Reihe von schönen Fachwerkhäusern. Ganz in der Nähe, westlich des Marktes steht die wichtigste Kirche, die Pfarrkirche St. Marien, eine frühgotische Hallenkirche aus rotem Backstein.

Einen kurzen Besuch statten wir dem Ehm-Welk-Literaturmuseum ab. Der Schriftsteller Ehm Welk wurde 1884 in dem Dorf Biesenbrow im Kreis Angermünde geboren. Er selbst schreibt über seine Entwicklung: *„Denn meine Mutter wollte, ich sollte Pastor werden; das wollten jedoch mein Vater und ich nicht. Mein Vater wollte, ich sollte Leh-*

rer werden; das wollten meine Mutter und ich nicht. Ich wollte Maler oder Seemann werden; das wollten mein Vater und meine Mutter nicht ...“ So wurde er zunächst Lehrling in einer Weinhandlung, dann Journalist. *„Ich begann meine Versuche als Dramatiker mit einundzwanzig Jahren, und zwar, wie so viele junge Autoren, mit einem Seeräuberstück ...“* Ehm Welk trat als Journalist kompromißlos für seine Überzeugung ein. Daher wurde er entlassen und ins Konzentrationslager eingewiesen. Seine berühmtesten Romane sind „Die Heiden vom Kummerow“ (1937) und „Die Gerechten von Kummerow“ (1943). 1966 starb er in Bad Doberan.
Das Museum ist klein. Eine Dame kassiert den Eintritt und gibt bereitwillig Auskunft. Engagiert erzählt sie aus Welks Leben und opfert uns sogar die sonst heilige Mittagspause. Wir sind heute die einzigen Besucher.

Lassen wir Ehm Welk das Land beschreiben, durch das wir fahren: *„Dort oben, wo die Uckermark ihre nördlichste Spitze weit ins vorpommersche Gebiet vorstößt und an ihrer Flanke ein Bruch mit dem Norden zieht, liegt mein Land: eine meilenweite rechteckige Schale, deren saatengrüner Boden auf der östlichen Längsseite vom schwarzen Rand eines Höhenzuges, auf der Westseite von hohen Wäldern eingefaßt ist und deren Schmalseiten in Süden und Norden die Ferne als samtenes Blau aufwellen lassen. Der silberne Zierrat der Bäche, Teiche und Seen und das Riesenkinderspielzeug in Gestalt der kleinen Dörfer, ackernder Bauern und weidenden Herden liegt auf dem grünen Grunde dieser Schüssel.“*
Wir fahren gemächlich durch diese eher stille Landschaft. Aufmerksam und gebannt verfolgen wir das Spiel der Farben, das wir uns nicht entgehen lassen wollen.

Chorin, nicht irgendein Kloster

Am Wegesrand taucht ein Kloster auf, aber nicht irgendein Kloster, sondern Chorin, ein mächtiges Zisterzienserkloster (1273 bis 1334).
„Chorin wirkt völlig wie eine Überraschung. Erst in dem Augenblicke, wo wir den letzten Höhenzug passiert haben, steigt der prächtige Bau, den die Hügelwand bis dahin deckte, aus der Erde auf und steht nun so frei, so bis zur Sohle sichtbar vor uns wie eine korkgeschnitzte Kirche auf einer Tischplatte.“ (Fontane)
Romanische und sogar einige orientalische Bauelemente sind gut zu erkennen, aber im Wesentlichen beeindruckt die Backsteingotik. Einst lebten hier 60 bis 80 Priestermönche und etwa 400 Arbeitsmönche. Über 25 Dörfer und eine Stadt gehörten zum Besitz des Klosters. Heute steht es leer, nur zum Choriner Musiksommer kommen Gäste von weither und lauschen den konzertanten Klängen. *„Von den alten Baulichkeiten ... ist noch vieles erhalten; ... vor allem die Kirche. Diese, wennschon eine Ruine, richtiger eine ausgeleerte Stätte, gibt doch ein volles Bild von dem, was diese reiche Klosteranlage einst war ...“* Uns beeindruckt der Bau wie einst Fontane. Das mächtige gotische Kloster steht unangefochten in der lieblichen Landschaft am stillen See, wie geschaffen für die Ewigkeit.

Wo die Schiffe Aufzug fahren

Nicht minder unvermittelt erreichen wir das Schiffshebewerk Niederfinow. Wir befinden uns am Rande des Oderbruchs, wo der Oder-Havel-Kanal 36 Meter Höhenunterschied zu überwinden hat. Seit über 50 Jahren überbrückt ein stählerner Koloß diese gewaltige Differenz. Ein riesiger Trog, der ganze Lastkäne aufnehmen kann, schwebt in nur fünf Minuten wie durch Geisterhand nach oben. Nach sieben Jahren Bauzeit wurde das Schiffshebewerk 1934 in Dienst genommen. 256 Seile halten den Trog (1984 erneuert). Wir sind überwältigt von dieser technischen Meisterleistung. Die Lastkähne „stehen Schlange“ im Unterhafen, fahren in den Trog ein, werden hochgeliftet und setzen dann im Oberhafen ihre Fahrt fort. Begeistert sehen wir dem Schauspiel länger zu, als wir eigentlich geplant haben. Immer von Neuem beobachten wir das Schauspiel.

Technische Daten
Hebewerk: 94 m lang, 27 m breit, 60 m hoch
Trog: 85 m lang, 12 m breit, 2,50 m Wassertiefe
Gewicht des wassergefüllten Troges: 4300 t
Hubhöhe: 36 m, Hubdauer: 5 Minuten
Dauer einer Schleusung: 20 Minuten

Von der Plattform des Schiffshebewerks kann man weit über den Oderbruch sehen. Ganz in der Nähe fließt die Oder still dahin.
Dort liegt Bad Freienwalde . . .

Ruhig geht es auf den Seen im Berliner Umland zu.

Die Lastkähne „stehen Schlange“ und werden dann 36 m hochgeliftet.

AUSKUNFT
Eberswalder Fremdenverkehrsinformation, Pavillon am Markt, 16225 Eberswalde; Tel.: 03334/23168, Fax: 03334/ 64190.

ÜBERNACHTEN
Angermünde
Campingplätze sind auf dieser Strecke rar. In Angermünde gibt es den Campingplatz „Halbinsel am Wolletzsee“. Er liegt recht romantisch, hat aber sonst nicht viel zu bieten.
In Richtung Niederfinow gibt es noch zwei andere Campingplätze: „Am Parsteinsee“ und „Am Parsteiner See“. Beide Campingplätze sind nur für anspruchslose Zeitgenossen geeignet.

PARKEN
Prenzlau
Es gibt vor dem südlichen Stadttor einen großen Parkplatz. Von diesem kann man die Stadt zu Fuß erreichen.
Niederfinow
Vor dem Schiffshebewerk gibt es einen großen Parkplatz.

HIGHLIGHTS
Angermünde
* Ehm-Welk-Literaturmuseum (Öffnungszeiten: Di, Mi, Fr 9–12 und 14–16 Uhr)

Chorin
* Zisterzienserkloster (Öffnungszeiten: So-Di 9–12 und 13–17 Uhr)

Niederfinow
* Schiffshebewerk

Pasewalk
* Reste der Maueranlage mit Pulverturm und dem Turm „Kiek in die Mark“

Ueckermünde
* Renaissanceschloß mit Bergfried und Haffmuseum (Öffnungszeiten: Di 9–17 Uhr, Mi und Do 9–16 Uhr, Fr 9–15 Uhr)

Um Berlin herum . . .

Wir müssen ein paar Mal fragen, bis wir den Weg finden. Zögerlich, fast gequält geben die Leute Auskunft. Es ist ihnen anzumerken, was sie denken. Da kommt schon wieder ein Wessi, der die alte Bonzensiedlung von Wandlitz sehen möchte, wo es doch gar nichts mehr zu sehen gibt.
Das stimmt. Die verbotene Stadt, die auf keiner Landkarte eingezeichnet war, ist heute nicht wiederzuerkennen. Eine Rehabilitationsklinik modernster Art versorgt bis zu 400 Patienten. Zu den alten Bauten kamen neue hinzu. Es gibt also weiter nichts Aufregendes zu sehen. Und dennoch haben wir es nicht bereut, diesen Abstecher in das herrliche, gepflegte Kurzentrum mit seiner fragwürdigen Vergangenheit unternommen zu haben.

Die Einheimischen sagen uns, wir sollen lieber Wandlitz selbst anschauen, einen kleinen Ort mit einer spätmittelalterlichen Dorfkirche, einem Bahnhof im Stil der zwanziger Jahre und einem Agrarmuseum. Die landwirtschaftliche Sammlung ist recht liebevoll zusammengestellt: uralte Einrichtungsgegenstände der Bauern, aber auch Arbeitsgeräte bis hin zum großen sowjetischen Traktor. Zu guter Letzt ist da natürlich noch der Wandlitzsee, ein halbmondförmiger See mit Badestränden, Wanderwegen und Wäldern. Die Berliner kommen gerne zum Sonntagsausflug hierher.

Noch schöner ist der Liepnitzsee. Er gilt als ein Juwel der Mark Brandenburg. Der Große Werder, eine Insel, teilt den See in zwei flußartig geformte Arme. Zur Insel besteht ein Fährverkehr, so daß man auch dort seinen Spaziergang fortsetzen kann.

An Seen ist die Landschaft reich ... der Rahmersee, im Süden der Summter See und der Mühlenbecker See. Die Berliner können in ihrer Freizeit zwischen vielzähligen Alternativen wählen. Wir fahren in westliche Richtung zum Grabowsee nach Oranienburg im Havelland ...
„Die prächtige Havel ist ... wie ein Spiegel unserer königlichen Schlösser, deren Schönheit sie verdoppelt. Aber nicht überall zeigt sie diese Pracht.

Schlicht, schmal, ein Wässerchen nur, tritt sie aus dem Mecklenburgischen in die Mark, um dann auf ihrem ganzen Oberlaufe ein Flüßchen zu bleiben ... So gibt sich die Havel bei Oranienburg ..." (Theodor Fontane)

Der Ort hieß Bötzow. Im Schutz einer Burg entwickelte sich eine Siedlung. Der Große Kurfürst Friedrich Wilhelm ließ für seine Gemahlin Luise Henriette von Oranien ein Schloß erbauen. Hier beginnt die bedeutsamere Geschichte des Ortes. Um ihm den notwendigen Ausdruck zu verleihen, gab man dem Ort einen neuen Namen: Oranienburg. Ganz in weiß beeindruckt das Schloß mit seiner breiten Eingangsfront, verziert mit Vorbau und Dachgebälk und dekorativen Sandsteinfiguren auf den Zinnen. Allerdings ist die Pracht nur äußerlich. Bereits der Soldatenkönig hatte im 18. Jahrhundert die Innenausstattung verkauft. Ihm diente das Schloß als Kaserne, auch für eine chemische Fabrik mußte der Bau herhalten und später zogen Behörden ein.
Zugänglich ist nur der Schloßpark, der 1651 als barocker Lustgarten angelegt wurde.
Was bietet Oranienburg sonst? Nicht weit entfernt im nördlichen Stadtteil befindet sich die Mahn-und Gedenkstätte Sachsenhausen, ein ehemaliges Konzentrationslager. Die Baracken haben manche Verzweiflung gesehen, nicht nur in nationalsozialistischer Zeit, sondern auch unter der sowjetischen Besatzungsmacht, die es nach dem Zweiten Weltkrieg als berüchtigtes Internierungslager benutzte. Im Lagermuseum wird nur die nationalsozialistische Vergangenheit beleuchtet, die sowjetische Zeit bedarf noch der Aufarbeitung.

Herr von Ribbeck auf Ribbeck im Havelland

Auf der Fahrt nach Potsdam könnten wir, sofern wir über Nauen fahren, einen Abstecher nach Ribbeck machen. Nicht, daß es in Ribbeck Bemerkenswertes zu besichtigen gäbe. Es ist nur, daß durch Fontane wohl kaum ein anderer Ort in der Mark so bekannt geworden ist wie Ribbeck. Einem Gedicht von Theodor Fontane verdankt er seine Popularität.

„Herr von Ribbeck auf Ribbeck im Havelland,
Ein Birnbaum in seinem Garten stand,
Und kam die goldene Herbsteszeit
Und die Birnen leuchteten weit und breit,
Da stopfte, wenn's Mittag vom Turme scholl,
Der von Ribbeck sich beide Taschen voll,
Und kam in Pantinen ein Junge daher,
So rief er: Junge, wiste 'ne Beer?"
Und kam ein Mädel, so rief er: „Lütt Dirn,
Kumm man röwer, ick hebb 'ne Birn ...."

Ribbeck liegt unscheinbar in einer flachen Mulde. Birnbäume gibt es in der Umgebung viele – wir sind im Obstgarten Brandenburgs. Viele Besucher kommen hierher, um sich das Ribbekker Herrenhaus, die Kirche und den legendären Birnbaum anzusehen. Wenn sie das Schloß anschauen, so sollten sie wissen, daß dieses nicht das Haus ist, in dem der alte von Ribbeck wohnte. Der gütige alte Herr lebte von 1689 bis 1759, also mehr als ein Jahrhundert ehe Fontane die Ballade schrieb. Das einfache Haus wurde abgerissen, als das Schloß erbaut wurde.

Die Wiege Preußens

Potsdam ist keine Stadt wie hundert andere auch. Potsdam ist das Symbol, der Ausdruck für „Preußen“.
So muß man sich ihr noch mehr über die Geschichte nähern als jeder anderen Stadt.
Stellen wir uns zuerst die Frage: Was war Potsdam vor der preußischen Herrschaft? Die Antwort: Ein armes, kleines, langweiliges Nest, das von den Wenden, genauer von den slawischen Hevellern erbaut worden war. Die Wenden waren wahrscheinlich Fischer und lebten an den Ufern der Havel. Sie nannten den Ort Poztupimi, das heißt „unter Eichen“. Doch so sicher sind sich die Historiker über die geschichtlichen Geburtswehen der Stadt nicht, denn es geistern über 50 Variationen des „Urnamens“ durch die Geschichtsbücher.

Die Gründungslegende

Chocus hieß der junge Prinz der Heveller, von dem die Legende erzählt. Ein Sturm trieb ihn nach einer Wolfsjagd in seinem Kanu weit nach Norden ab und ließ ihn schließlich an einer kleinen Insel landen. (Der genaue Ort befand sich angeblich in Höhe der heutigen Burgstraße.) Der Prinz warf sich ermattet und entkräftet auf den sandigen Boden der Insel. Eine junge Fischerin kümmerte sich um ihn und pflegte ihn. Die beiden verliebten sich und lebten einen langen Sommer miteinander. Als der Winter kam und die Seen zufroren, machte der Prinz sich auf in seine Heimat. In nur drei Tagen wollte er wiederkehren und seine Geliebte mit allem Gepränge auf seine Burg holen. Doch in seiner Heimat hatte während seiner Abwesenheit ein anderer nach der Macht gegriffen und Chocus mußte sich seinen Besitz erst wieder neu erkämpfen. Als Chocus endlich auf die Insel zurückkehren konnte, waren daher viele Tage vergangen. Er fand das Mädchen tot, im strengen Winter erfroren. Der Prinz beschloß voller Trauer, nicht mehr in seine Heimat zurückzukehren. Wo die Fischerhütte stand, erbaute er eine Burg. Er nannte sie Poztupimi, „unter den Eichen“.

Die erste urkundliche Erwähnung gilt als gesichert. In einem Schenkungsschreiben von 993 vermachte König

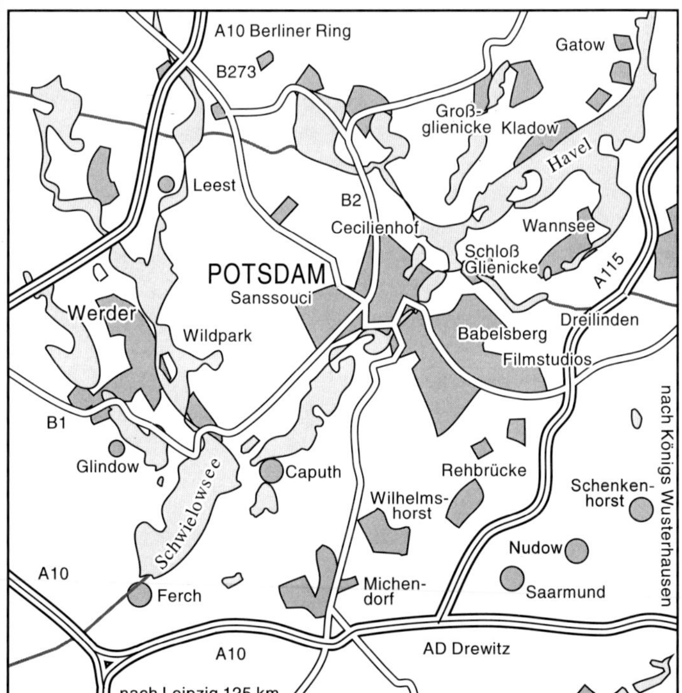

Die Wiege Preußens

Otto III., der spätere deutsche Kaiser, seiner Tante Mathilde, Äbtissin des Klosters von Quedlinburg, zwei Siedlungen im Havelland. Eine davon wurde als „Locus Poztupimi“ bezeichnet. 1993 feierten die Potsdamer mit gutem Gewissen „Potstausend“, ihre 1000-Jahr-Feier. Interessant ist, daß zum Zeitpunkt der Schenkung dieses Potsdam dem König gar nicht gehörte. Er mußte erst noch sein Heer ausschikken, um den Ort zu „befreien“. So einfach scheint die Inbesitznahme aber gar nicht gewesen zu sein, denn bis ins 12. Jahrhundert blieb der Besitz ziemlich umstritten. Klarheit über die Verhältnisse herrschte ein Jahrhundert später, als man 1317 Potsdam zum „oppidum“, 1345 zur „civitas“ ernannte.
Die civitas Potsdam wird als reichlich langweilig beschrieben. Daran änderte sich auch nichts, als die Stadt nacheinander in die Hände von verschiedenen Fürsten geriet, als sie im Dreißigjährigen Krieg von Katholiken und Protestanten abwechselnd besetzt wurde.

Der Große Kurfürst Friedrich Wilhelm führt den Reigen des Adelsgeschlechts der Hohenzollern an. Er trug den Titel „Kurfürst von Brandenburg “ (1640–1688) und erwies sich als barocker, machtbewußter Herrscher. Das heruntergekommene Stadtschloß ließ er einreißen und neu erbauen; er ließ Straßen und Alleen anlegen und ein neues repräsentatives Stadtviertel errichten. Hugenotten, auf der Suche nach einer neuen Heimat, gewährte er Asyl. Sie brachten die „guten Sitten“ nach Potsdam. Sein Sohn, der Kurfürst Friedrich III. konnte Potsdam nicht viel abgewin-

Vom alten Stadtschloß ist nur der Marstall übrig geblieben, der heute das Filmmuseum beherbergt.

nen (1688 bis 1701 Friedrich III., Großer Kurfürst und 1701 bis 1713 Friedrich I., König von Preußen). Er versuchte vergeblich, den französischen Sonnenkönig nachzuahmen; in Potsdam fand er die gewünschte Eleganz nicht. Zumindest krönte er sich selbst zum König von Preußen und gab seinem Preußen erste Konturen, wenngleich dieses noch keinem zusammenhängenden Staatsgebilde entsprach.
Erst der nächste König verhalf Potsdam zu ungeahntem Glanz. Friedrich Wilhelm I. (1713–1740), besser bekannt unter seinem Spitznamen „Soldatenkönig", lebte und herrschte nach der Losung: *„Zucht und Ordnung, Ruhe und Ordnung, Räson und par force (mit Gewalt)"*. Er verwandelte Potsdam in eine Soldatenstadt, in der es scheinbar nur noch Soldaten und Beamte gab. Potsdam wurde eine ganz besondere Stadt. Sie erhielt eine Mauer nicht zum Schutz gegen Feinde, sondern um zu verhindern, daß seine Soldaten desertieren konnten. Hier herrschten Beamte, die den Zugang in die Stadt kontrollierten und das Leben in der Stadt verwalteten. Als Bauherr trug sich der Soldatenkönig ebenfalls in das Architekturbuch der Stadtgeschichte ein. Er ließ eine Gewehrfabrik, das Große Militärwaisenhaus und die Garnisonskirche erbauen. Der Soldatenkönig schuf eine Armee, ohne je Krieg zu führen. Das übernahm sein Nachfolger, Friedrich II. (1740–1786), auch bekannt unter dem Namen „Alter Fritz". Er eroberte Gebiete hinzu und schuf Preußen – und wenn er gerade nicht Krieg führte, widmete er sich den schönen Künsten und ließ Schlösser erbauen: Sanssouci, zum Beispiel.

Friedrich der Große zwei Mal in Stein: hoch zu Roß . . .

Der Philosoph auf dem Königsthron

Der Sohn als Produkt seiner Eltern? Sein Vater wollte aus dem Thronfolger einen erdverbundenen sparsamen Monarchen machen, der nur dem Wohl des Volkes diente. Seine Mutter wollte ihn mit Politik und Raffinesse zum glänzendsten Monarchen Europas reifen lassen. Während zur Erziehung des einen Männergesellschaft und Jagd gehörte, begeisterte die Mutter ihn für das Flötenspiel und schöngeistige Unterhaltung. Unter diesem Zwiespalt litt er sein Leben lang. Er wurde zum großen Kriegsherrn, der Soldaten verheizte, er wurde zum Philosophen und Künstler, der sich eine illustre Tischrunde leistete. (Zeitweilig gehörte sogar Voltaire dazu.) Nur Frauen verabscheute er. Logischerweise verbannte er seine Gattin sofort nach seiner Inthronisation 1740 ins Exil. Wie urteilen die Historiker? In vielem war Friedrich seiner Zeit voraus. Aber er scheiterte letztendlich an seiner eigenen Selbstüberschätzung und an der Trägheit seiner Umwelt.

Der Alte Fritz starb kinderlos, so daß sein Neffe, Friedrich Wilhelm II. (1786–1797), den Thron bestieg. Auch er widmete sich den schönen Künsten,

noch mehr aber den schönen Damen. Zu seiner Regierungszeit hatten die Mätressen das Sagen. Er ließ das Marmorpalais im Neuen Park am Heiligensee bauen und vollzog darin den endgültigen Übergang von Barock und Rokoko zu Klassizismus und Romantik.
Sein Sohn und Nachfolger, Friedrich Wilhelm III. (1797–1840), war durch und durch Soldat. Er sorgte dafür, daß wieder Zucht und Ordnung einkehrten. In dieser Zeit erlebte Potsdam die strenge französische Besetzung (1806 bis 1808).
Unter der Regierung Friedrich Wilhelms III. brach aber, nach der Niederlage Napoleons 1814, ein neues Zeitalter an. Selbstverwaltung hieß das Stichwort. Die Stadtmauer wurde geschleift und neue Hohenzollern-Schlösser entstanden: Glienicke, Babelsberg und Charlottenhof. Dem Volk bescherte die Dynastie in dieser Zeit eine geliebte Königin. Königin Luise gilt als einzige Hohenzollernfürstin mit einem Herzen für ihr Volk.

Der Nachfolger, Friedrich Wilhelm IV. (1840–1861), war ein Romantiker und dem politischen Umfeld nicht gewachsen. Im Jahr 1857 erklärte man ihn sogar offiziell für regierungsunfähig. Er stellte den Landschaftsgärtner Lenné ein, der Potsdam und die umliegenden Dörfer in einen einzigen Garten verwandelte. Karl Friedrich Schinkel brachte italienische Formen nach Potsdam. Er schuf das Schlößchen Charlottenburg mit den Römischen Bädern, die Heilandskirche von Sacrow, die Friedenskirche im Park von Sanssouci. Die Nikolaikirche erhielt ihre gewaltige Kuppel. Politisch gab sich der König erzkonservativ, er verhinderte alle notwendigen Reformen.

Die Wiege Preußens

Wilhelm, der Bruder des regierungsunfähigen Königs, übernahm 1857 die Regentschaft, wurde 1861 als Wilhelm I. König von Preußen (1861–1888) und 1871 sogar deutscher Kaiser. Potsdam als Hort der Restauration erstarrte unter seiner Herrschaft. Alle neuen Strömungen des politischen Lebens wurden schlicht ignoriert. Miltiär und Beamtentum beherrschten mit ihren erstarrten Formen das gesamte öffentliche Leben. Potsdam brachte ein preußisches Zerrbild, eine Karikatur hervor. Der Kaiser zeigte kein großes Bauengagement; lediglich Babelsberg wurde auf Wunsch seiner Gemahlin zu einem Schloß in der englischen Tudor-Gotik umgestaltet.
1888 hätte sich alles ändern können. Die liberale Hoffnung Friedrich III. (1888) kam auf den Thron. Aber der Monarch litt bereits an Kehlkopfkrebs und starb nach nur 99 Tagen Regentschaft.
Sein Sohn Wilhelm II. (1888–1918) verstand es, Preußen vollends zur Karikatur zu machen. Schon Theodor Fontane fand *„alles antiquiert“* (1894). Militarismus und Beamtentum nahmen Formen an, die jenseits aller politischen

... und zur ewigen Ruhe gebettet.

Realitäten lagen. Schließlich begünstigte diese Einstellung den Ersten Weltkrieg, der mit vielen Toten und dem Abdanken des Kaisers endete. Er starb 1941 im holländischen Exil. In der Regierungszeit Wilhelm II. entstand nur noch ein Bauwerk: Schloß Cecilienhof, ein Fachwerkschlösschen im Stil der englischen Landsitze (im Neuen Garten).
Kronprinz Wilhelm verzichtete auf alle Thronrechte, er kehrte 1923 nach Deutschland zurück, wo er 1951 starb. Heute steht dem Hause Hohenzollern der 85jährige Enkel von Wilhelm II., Louis Ferdinand vor. Er hält am Anspruch auf die Krone fest und empfindet den Verzicht auf die Krone 1918 als „historischen Betriebsunfall", der nur für seinen Großvater und Vater gegolten habe, nicht generell für das Haus Hohenzollern. Aber wer hat noch Bedarf an einem Kaiser? Nicht einmal die Bürger von Potsdam.

Wie nähert man sich Potsdam ohne Voreingenommenheit? Wohl wissend, daß Sanssouci der Höhepunkt einer jeden Potsdam-Besichtigung ist, ziehen wir es vor, zuerst durch die Stadt zu spazieren. Dabei sind für uns zwei Eindrücke maßgeblich. Zum ersten: Wir schlendern durch die Brandenburger Straße, die Potsdamer Flaniermeile. Eine Reihe von Läden und Cafés säumen die Hauptgeschäftsstraße; sie stammen zum großen Teil aus den Jahren 1733 bis 1739, wurden jedoch im Laufe der Zeit unterschiedlich verändert. In dieser Straße bezaubert uns ein gewisses Flair einer ermunternden und gleichzeitig beschaulich wirkenden Aufbruchstimmung. Künstler und Straßenverkäufer lassen keinen Gedanken an preußische Ordnung aufkommen. Hierzu eignet sich eher der bauliche Abschluß der Straße, das Brandenburger Tor. Es paßt nicht zum übrigen Stadtbild, wirkt zu pompös wie ein Relikt aus einer anderen Geschichte. Es wurde bereits 1779, also lange vor dem berühmteren Brandenburger Tor in Berlin errichtet. Der Baumeister dachte bei seinem Bau an einen römischen Triumphbogen.

Zum zweiten: Wir gehen durch die Gutenbergstraße zurück, eine Parallelstraße zur Brandenburger Straße. Sie ist ein Beispiel für den Verfall, für die Vernachlässigung, für den schlampigen Umgang mit historischer Bausubstanz. Hier stellt sich kein Flair ein, höchstens Entsetzen. Von alter preußischer Zucht und Ordnung ist jedenfalls nichts zu spüren.

Diese beiden so gegensätzlichen Erlebnisse lassen auch Potsdam zu einer ganz normalen Stadt werden, die man ohne übermäßigen Respekt besuchen kann und sogar ein bißchen lieb gewinnt.

Wer noch mehr Tore sehen möchte, geht nicht die Gutenbergstraße weiter, sondern wählt die breite Hegelallee. Das Jägertor ist das älteste erhaltene Stadttor Potsdams (1733), das Nauener Tor entstand mit der zweiten barocken Stadterweiterung 1755. Es zeigt bereits Einflüsse des neogotischen Stils, der sich rasch durchsetzte. Zwischen den beiden Toren, etwas zurückversetzt und schwer einzusehen, steht ein langgestreckter Neubau. Hinter der neutralen Fassade verbarg sich früher die Zentrale der Stasi. Heute ist in diesem Zweckbau der sozialistischen Vergangenheit das Arbeitsamt untergebracht.

Am Ende der Hegelallee erstreckt sich das Holländische Viertel.
Typisch für den Soldatenkönig: Er suchte nach Handwerkern für seine Stadt und warb tüchtige Holländer an. Um ihnen ein Stück Heimat zu bieten, ließ er in vier Straßengevierten 134 Häuser im holländischen Stil erbauen. Sein Baumeister warnte zwar vor dem sumpfigen Boden, aber der König ließ sich nicht beeinflussen: *„Wo ich befohlen habe zu bauen, da wird gebaut, basta!“* Die Häuser stehen heute noch, die Holländer sind nicht geblieben. Als die Baumaßnahmen beendet waren, zogen nur 22 holländische Familien ein, alle anderen empfanden die Soldatenstadt als zu eng und reglementiert. So bezogen einheimische Handwerker, Soldatenfamilien und Künstler das Viertel mit den roten Backsteinhäusern. Die Künstler sind bis heute geblieben. Sie

Tore bestimmen Potsdams historische Stadtgrenzen.

Das holländische Viertel in Potsdam.

prägen Leben und Atmosphäre im Viertel.

Keinerlei Atmosphäre bietet der Bassinplatz, der größte städtische Platz und gleichzeitig Busbahnhof. Die Dachkonstruktion aus dem Jahr 1975 wirkt gewollt modern und erinnert eher an die bekannte Plattenbauweise. Auf dem Platz erheben sich zwei Kirchen. Die St.-Peter-und-Paul-Kirche, auf eine Initiative von König Wilhelm 1867 erbaut, steht korrekt, mit Schiff und Turm, wie man sich eine Kirche vorstellt. Sie ist das einzige katholische Gotteshaus in Potsdam. Die französische Kirche dagegen ähnelt dem Pantheon. Knobelsdorff entwarf sie nach den Ideen Friedrichs II. (1751) als Gemeindezentrum für die Hugenotten.

Die Altstadt erstreckt sich am Havelufer. Im Zentrum, am Alten Markt stand früher das Stadtschloß; heute dominiert die Nikolaikirche. Sie ist ein eher klotziger Bau, quadratisch, praktisch, klassizistisch. Schinkel zeichnet für den Bau verantwortlich. Er ließ sie in den Jahren 1830 bis 1843 errichten.

Das schöne Alte Rathaus aus dem 15. Jahrhundert trägt eine vergoldete Atlasfigur auf dem Kuppeldach. Die Figur mit der Weltkuppel war zunächst aus Blei gegossen. Sie stürzte 1776 wegen des zu hohen Gewichts und wegen der schlechten Befestigung herab – für manche ein schlechtes Omen. 1777 befestigten Handwerker eine aus Kupfer getriebene Atlasfigur auf dem Dach. Ihr konnten nicht einmal die Bomben im Zweiten Weltkrieg etwas anhaben.
Daneben steht das Knobelsdorff-Haus, ein reich verziertes Bürgerhaus, von Knobelsdorff 1750 erbaut.

Die Nikolaikirche mit ihrer gewaltigen Kuppel und das Hans-Otto-Theater mit seinem provisorischen Zeltcharakter ergeben einen vollkommenen Kontrast. Wieder Geschichte: Das erste Potsdamer Theater befand sich natürlich im Stadtschloß – zur Erbauung des Hofes. Friedrich der Große richtete im Neuen Palais ein Theater ein und ließ nur französische und italienische Stücke spielen. Die Potsdamer Bürger verstanden davon ohnehin nichts. Friedrich Wilhelm II. befahl 1793 den Bau eines königlichen Schauspielhauses. Er verordnete seinen Untertanen Kultur. Ganz genauso empfanden es wahrscheinlich auch die Akteuere, die in der Schauspielerkaserne untergebracht waren. Das Mißverhältnis zur Kultur hält bis heute an. Nachdem sowohl die alliierten Bomber wie auch die sozialistische DDR-Regierung tabula rasa gemacht hatten, hoffte man auf einen Neuanfang. In den 80er Jahren klotzte man einen Betonbau hin – ein Mißgriff ohnegleichen. 1991 riß man die Geschmacksverirrung für viel Geld wieder ab. Das heutige Theater ist vorläufig. Vielleicht ganz gut so; der Aufbruch zu neuen Ufern kann reifen. Das Provisorium trägt den Namen „Hans-Otto-Theater“ nach einem Berliner Schauspieler, den 1933 die Nazis ermordeten.

Wir spazieren die Breite Straße entlang. Von dem alten Stadtschloß ist nur der Marstall übrig geblieben, in dem sich heute das Filmmuseum befindet. Wenn jemand wissen möchte, wo sich das einstige Stadtschloß befand, der begebe sich zum Hotel Mercure. Er steht dort auf historischem Schloßboden.
Die Breite Straße, einst vornehmste Straße Potsdams, ließ 1668 der Große Kurfürst anlegen. Vom damaligen

wahrhaft prächtigen Zustand kann man sich beim besten Willen keine Vorstellung mehr verschaffen. 1945 zerstörten Bomber und dann Bulldozer die Prachtstraße vollkommen. Einzig die Hiller-Brandtschen-Häuser (heute Stadtmuseum) lassen noch ein wenig ahnen, welche Pracht einmal war. Sie entstanden 1769 auf Anweisung von Friedrich II. nach dem Vorbild von Schloß Whitehall.

Am Ende der Breiten Straße wartet ein eigenwilliges Bauwerk auf den Betrachter. Die Moschee ist nun aber kein mohammedanisches Gotteshaus, sondern lediglich eine recht fantasievolle Verkleidung für ein Maschinenhaus mit großen Pumpen, über die das Wasser für die Fontänen von Park Sanssouci auf den Ruinenberg gepumpt wird. Friedrich Wilhelm IV. ließ sich das Spielzeug 1841 erbauen. Im Inneren ist das Pumpenhaus der Moschee von Córdoba nachgebildet. Man hat die Spielerei als Museum den Besuchern zugänglich gemacht.

Breite Straße zurück: In der Lindenstraße finden wir einen heruntergekommenen Altbau. Niemand will heute darin wohnen. Es ist das Große Militärwaisenhaus, das einzige Bauwerk, das aus der Zeit des Soldatenkönigs übriggeblieben ist.

Die langen Kerls

Der Soldatenkönig selbst gab zu, daß sie eine Marotte seien: die Langen Kerls. Der König, von Jugend auf mit einer Vorliebe für große Männer behaftet, schenkte sich sein eigenes Spielzeug. Für lange Soldaten zahlte er mehr als üblich. So wurden aus ganz Europa Großgewachsene meist gegen ihren eigenen Willen nach Potsdam gebracht. Entsprechend streng mußten die Sicherheitsvorkehrungen sein, um jede Flucht zu vermeiden. Das Soldatenlos scheint nicht einfach gewesen zu sein. Viele der Langen Kerls begingen Selbstmord oder töteten Kameraden, um selbst hingerichtet zu werden. Und dennoch, ihnen ging es besser als jedem „normalen" Soldaten. Sie erhielten mehr Sold, waren besser gekleidet und genährt. Sie wohnten in den Giebelwohnungen der stattlichen Potsdamer Bürgerhäuser. Die Hausbesitzer mußten für ihre ungebetenen Gäste kochen, waschen und putzen. Wenige der Langen Kerls konnten sich eine Familie leisten. Aber der König hatte ein Einsehen, daß seine Soldaten auch Frauen brauchten. Die Kinder solcher geduldeter Beziehungen kamen in das Große Militärwaisenhaus, wo sie zu tüchtigen Soldaten erzogen wurden. Mit Erziehung nach unseren Begriffen hatte das allerdings wenig gemein. Die Kinder mußten hart arbeiten und wurden an Manufakturen vermietet. Die Sterbequote lag bei gut 25 Prozent.

An der Yorckstraße steht auf einer Freifläche ein Glockenspiel. Zu jeder halben Stunde ertönt „Üb immer Treu und Redlichkeit", zu jeder vollen Stunde „Lobet den Herren" – preußische Tradition in Glockentönen. Hier erhob sich einst die Garnisonskirche. Ein Verein hat sich gegründet, der eifrig Geld sammelt: Eines Tages soll die Garnisonskirche wieder erstehen.

Die Yorckstraße gehört zu den schönen Straßen Potsdams. Alte barocke Bürgerhäuser säumen linker Hand die Straße. In der Mitte befand sich einst ein Kanal, praktisch für den Transport von schweren Gütern. Der Kanal verkam jedoch immer mehr zur Kloake, da die Abwässer ungeklärt in den Kanal flossen, der sich durch das geringe Gefälle nicht selbst reinigen konnte. In der Nachkriegszeit entschied man sich für eine wirkungsvolle Sanierungsmaßnahme: Der Kanal wurde zugeschüttet.

Potsdam bietet noch mehr Besonderheiten: Nach dem Zweiten Weltkrieg kamen viele Russen nach Ostdeutschland. Auch in Potsdam gehörten sie zum täglichen Stadtbild, aber hier stellten sie keine „Neuigkeit" dar, denn schon seit Beginn des 19. Jahrhunderts lebten Russen in der Stadt. Damals, zur Zeit der napoleonischen Eroberungsfeldzüge, entstand die Siedlung Alexandrowka (Puschkinallee): Der französische Feldherr verlangte von den unterlegenen Preußen ein Hilfscorps zum Kampf gegen die Russen, mit denen die Preußen eigentlich verbündet waren. Dieses Corps schlug sich wacker. Es kam mit ungefähr 500 russischen Gefangenen aus dem Krieg zurück. Friedrich Wilhelm III. suchte sich die besten Sänger heraus, die er zur Truppenbetreuung wieder in das Feld schickte. Die russischen Sänger mußten marschieren, kämpfen und singen. Viele von ihnen starben.

Wie aus der Geschichte bekannt ist, änderten sich die Zeiten. Napoleon war besiegt und Preußen und Russen feierten ihre Freundschaft. Zar Alexander schenkte die überlebenden 12 Sänger dem Preußenkönig als „Morgengabe". Friedrich Wilhelm, dessen Tochter sich mit dem russischen Zaren vermählte und selbst zur Zarin Alexandra wurde, wollte die Freundschaft zwischen den Völkern födern und befahl, ein russisches Soldatendorf zu erbauen. Diese Anlage wurde nach der Zarin Alexandrowka genannt. Damals gab es viele

„Ohne Sorgen" nannte Friedrich der Große sein Traumschloß: Sanssouci.

Statuen stehen versteckt in den Parkanlagen.

solche Dörfer in Rußland, heute ist die Siedlung in Potsdam das letzte verbliebene Militärdorf.

Wißt Ihr's noch? Als wir in dichten Scharen
Hielten auf dem Plan, weit um den Hügel her?
Fern vom Don, vom Ural hergefahren,
Allbereit zum Krieg, ein unabsehlich Heer?
Wißt Ihr's noch? Wie dann die braven Preußen
Standen Mann an Mann, zu heiterm Sieg erwacht?
Nicht umsonst reimt Preußen sich auf Reußen,
Reuß' und Preuße focht wie eins in mancher Schlacht.
(Friedrich de la Motte Fouqué, 1813/14, aus den Kosakenliedern)

Spaziert man durch das Dorf , ist man überrascht von der Fremdartigkeit. Das bauliche Ensemble paßt nicht zu Preußen. Es wirkt wie Folklore und ist doch ein Teil ernster Geschichte. Drei Familien, die von den russischen Sängern abstammen, wohnen noch in den malerischen Häusern.
Auf dem Kapellenberg nördlich der Siedlung erhebt sich eine rose-weiße Zuckerguß-Kirche, die Alexander-Newski-Kapelle. Ihr Grundriß ist zwar russisch, die bauliche Gestaltung stammt aber von Schinkel. Er hat sich bemerkenswert an die russischen Vorgaben gehalten. Heute kommen nur noch wenige Besucher zum russisch-orthodoxen Gottesdienst.

Oberhalb der Kirche erhebt sich der waldreiche Pfingstberg. Eine enge Straße führt zu einem eigenwilligen Palast. Das Belvedere ist eine romantische Schöpfung von Friedrich Wilhelm IV., eigentlich das Abbild einer italienischen Villa mit Arkadengängen und verträumten Höfen. Der Bau verkam zu einer riesigen Kulisse, die eine Gartenanlage verschönert. Niemand hat je in diesem Palast gewohnt. Die DDR-Machthaber versperrten den Zugang zum Pfingstberg bewußt, unterstützten wahrscheinlich auch eine Brandstiftung, denn vom Belvedere aus konnte man weit nach West-Berlin blicken. So viel Weitblick durfte man aber nicht zulassen. Heute ist der Bau einsturzgefährdet und weiträumig abgesperrt.

Nun kommen wir endlich zu den Schlössern ...

Jeder Betrachter wird sich weigern, das Jagdschloß Stern in die Kategorie Schlösser einzuordnen. Der Soldatenkönig ließ es 1730 einrichten, und seiner spartanischen Lebensweise Rechnung tragend, erinnert wirklich nichts an höfischen Prunk. Lediglich die „holländische" Fassade darf man vielleicht als Schmuck verstehen. Sie war für den sparsamen Fürsten nicht teuer. In seinem königlichen Refugium konnte der König zwei Genüssen frönen: Rauchen und Schmausen. Der Rauch hing schwer in den Räumen, die märkisch-deftige Kost war nicht für alle Gäste zu verkraften. Doch wer wollte es sich schon mit dem König verderben?

„Ohne Sorgen" in Sanssouci

Daran führt kein Weg vorbei ... Alljährlich pilgern zwei Millionen Besucher an den einst stillen Ort auf der Suche nach dem Geist des großen Friedrich. Die meisten wissen nicht viel von diesem Geist, sonst wären sie vermutlich enttäuscht. Kaum ähnelt dieser Park heute dem einstigen friderizianischen Park. Manches hat sich in den Jahrhunderten seit seiner Entstehung geändert. Vergessen wir daher diesen Geist, genießen wir den Park, wie wir ihn heute sehen.

Zu Zeiten des Soldatenkönigs stand in einsamer Wildnis bereits ein als Schlößchen bezeichnetes Haus mit einem großen Küchengarten, in dem der König vor allen Dingen sein Lieblingsgemüse anbauen ließ: Kohl. Er nannte den Garten „Mein Marly", eine bösartige Anspielung auf den Lustgarten seines französischen Konkurrenten Ludwig XIV. Mochte der Soldatenkönig sich dort wohl gefühlt haben, seine Familie sicher nicht. Tag für Tag mußten Familie und Hofstaat mit Friedrich hierher kommen, um ihn beim Kegeln und Scheibenschießen zu bewundern. Man langweilte sich. Auch an der Kohlsuppe, die dem König kredenzt wurde, konnte sich nicht jeder ungetrübt erfreuen. Auch Friedrich II. nicht ...

Dennoch ließ der Sohn später gerade hier sein Traumschloß erbauen: Sanssouci. Seine Jugenderinnerungen verknüpften sich mit Rheinsberg, das in

Das königliche Kurzzeichen weist auf den Besitzer hin.

Potsdam ein Pendant haben sollte. Er beauftragte seinen Baumeister Knobelsdorff, seinen Traum umzusetzen. Voltaire hat den Träumer einmal treffend beschrieben:

„Ein großer Herrscher bis zur Mittagsstunde,
Am Nachmittag Schriftsteller ersten Ranges,
Tagsüber Philosoph voll edlen Dranges
Und abends göttlich bei der Tafelrunde."

Sanssouci entstand nach seinen ureigenen Vorstellungen. Er hielt sich selbst für einen begnadeten Architekten und zerstritt sich darüber mit seinem Freund Knobelsdorff, dem Profi. Der Baumeister wollte das Gebäude unterkellern, den Bau weiter nach vorne ziehen und leicht erhöhen. Knobelsdorff verließ Potsdam empört. Heute rächt sich die nicht vorhandene Unterkellerung bitter. Die Feuchtigkeit erfaßt die Räume und zerstört die Kunstwerke.

Von der Allee aus wirkt das Schloß merkwürdig unharmonisch. Es duckt sich hinter dem Hügel zusammen. Knobelsdorff hätte sicherlich eindrucksvoller gebaut. Schon Monate vor Baubeginn ließ sich der König eine Gruft ausheben. Dort, so ließ er verlauten, werde er einst ohne Sorgen sein. Doch erst 200 Jahre nach seinem Tod im August 1991 wurde er in seine Gruft neben dem Schloß überführt. Hier ruhen seine Windhunde, die er über alles liebte. Seine Lieblingshündin Biche ruht direkt an seiner Seite.

Auf uns wirkt das Schloß licht und heiter. Wir schreiten gemessen die Stufen der Terrassen hinauf und spüren die Lebensfreude, die diesem Bau innewohnt. Das Schloß ist zu besichtigen. Leider ist der Besucheransturm so groß, daß sich lange Warteschlangen bilden. Die Mö-

Pavillons lockern den Park auf. Besonders gerne hielt sich Friedrich der Große beim chinesischen Pavillon auf.

blierung ist nicht mehr original, auch das Arbeitszimmer Friedrichs nicht. Sein Nachfolger und Neffe hat den Raum sofort nach dem Tod des Königs gründlichst umgestalten lassen. Nichts sollte an den Alten Fritz erinnern. Sehenswert ist die umfangreiche Bibliothek und interessant am Rande, daß der König in allen seinen Schlössern die gleiche Bibliothek einrichten ließ mit dem gleichen Bücherbestand. Die Bediensteten hatten die Bücher immer an der Stelle aufzuschlagen, bis zu der der König sie gelesen hatte. So konnte er in jedem seiner Schlösser einfach weiterlesen.

Vom Schloß blickt man auf einen entfernten Hügel, den Ruinenberg. Dort sehen wir eine antike Ruine und die Kulisse eines normannischen Turms. Nichts davon ist authentisch. Die Romantiker liebten Ruinen und ließen sie sich sogar erbauen. Die Kulissen auf dem Ruinenberg verdecken ein Wasserreservoir, von dem aus die Springbrunnen des Parks gespeist werden.

Mitten im Park liegt das chinesische Teehaus. Golden schimmert es durch die Bäume. Dem König diente der verspielte Pavillon zur Kurzweil.

Das königliche Gästehaus

Wir spazieren die breite Allee entlang und erreichen das Neue Palais. Es war das erste Gebäude in Preußen, das ganz der Repräsentation diente. Vorbild war Castle Howard im englischen Yorkshire. Der Bau steht im grassen Gegensatz zur Leichtigkeit von Schloß Sanssouci. Das Palais ist 240 m lang, hat 300 Zimmer und 322 Fenster und wird geschmückt von 230 Pilastern und 488 Figuren vor und auf der Fassade. Im Inneren befindet sich ein prunkvolles Theater, ein fantasievoller Grottensaal, des-

Parks bestimmen das Stadtbild von Potsdam: Eindrücke von Cecilienhof bis Sanssouci.

sen Wände einst Muscheln, Korallen und Quarze schmückten. Friedrich II. hatte das Neue Palais als Gästehaus erbauen lassen; der spätere Kaiser Wilhelm II. betrachtete es als seinen Hauptwohnsitz. Es war das einzige Gebäude in seinem Reich, das seine Vorstellung von repräsentativem Wohnen erfüllen konnte. Hier schrieb er an seiner berühmten Hunnenrede. Es erscheint geradezu verständlich, daß der Kaiser an diesem Schreibtisch auch die Kriegserklärung unterschrieb, die zum Ersten Weltkrieg führte und die Herrschaft der Hohenzollern beendete.

Friedrich und die Mühle von Sanssouci

Die Geschichte ist einfach schön. Friedrich der Große störte sich am Lärm der Mühle von Sanssouci und beschloß, den Müller zu enteignen und die Mühle abzureißen. Der Müller begehrte auf und drohte, „den Rechtsweg zu beschreiten". Der König, von soviel Frechheit begeistert und von dem Vertrauen in die von ihm geschaffene (und alles andere als unabhängig arbeitende) Justiz fasziniert, gab seine Pläne auf. Natürlich ist die Geschichte nicht wahr. In Wirklichkeit bemerkte der Müller, daß durch eine neue königliche Pflanzung weniger Wind die Mühle erfaßte, so daß er den König um einen anderen Standort für seine Mühle bat. Dem König gefiel die Mühle jedoch so gut, daß er den Müller bat zu bleiben. Er honorierte dies auch mit finanziellen Zuwendungen. Doch der Müller ließ die Mühle verkommen und verkaufte sie schließlich.

Die Mühle, die der Besucher heute besichtigen kann, hat mit dem erwähnten Bau nichts zu tun. 1791 ließ Friedrich Wilhelm IV. diese Holländermühle erbauen. Hier wurde zwar bis 1860 Mehl gemahlen, aber in Wirklichkeit sollte sie eher Teil einer großartigen Parkkulisse sein.

An dieser Stelle möchten wir Goethe zitieren. Er schrieb 1778 nach einem Besuch in Potsdam an Frau von Stein: „Dem alten Fritz bin ich recht nah geworden, da hab ich sein Wesen gesehen, sein Gold, Silber, Marmor, Affen, Papageien und zerrissene Vorhänge, und hab' über den großen Menschen seine eigenen Lumpenhunde räsonnieren hören."

Sanssouci und Friedrich Wilhelm IV

Auf den Spuren Friedrich Wilhelms IV. entdecken wir ein ganz neues, andersartiges Sanssouci: Der Landsitz Charlottenhof in seiner italienischen Eleganz hat die Villa Albani in Rom zum Vorbild. Schinkel lieferte die Entwürfe, sein Schüler Persius erbaute das Schloß und Lenné gestaltete den Garten. Wir erleben Klassizismus und Biedermeier, wenngleich auch Skurriles Platz fand, zum Beispiel das Zeltzimmer, das einem Beduinenzelt nachempfunden wurde.

Ganz in der Nähe kommen wir zu den Römischen Bädern. Da man von neumodischer Hygiene nicht so viel hielt wie einst die Römer, benutzte man die Bäder nicht zum Baden, sondern eher zur fantasievollen Entspannung.

Alle Bauideen in Sanssouci sind abgeschaut. Die Orangerie in ihrer Gesamtheit ähnelt der Villa Pamphile in Rom, die Doppelturmanlage wurde von der Villa Medici in Rom übernommen, mit den Seitenflügeln und dem Eckpavillon kopierte man die Uffizien von Florenz. Der Mittelbau hat sogar gewisse Ähnlichkeit mit der Sala Regia im Vatikan. Das Ergebnis spricht für sich: Merk-

würdig unharmonisch, abgehoben von den Kunstempfindungen normaler Sterblicher bleibt es jedem selbst überlassen, es schön zu finden.
Erwähnen wir noch die Friedenskirche, auf die wir treffen, ehe wir den Park verlassen und wieder die Stadt betreten. Als Vorbild mußte selbstverständlich wieder ein italienischer Bau dienen: die Basilika San Clemente in Rom. Am 14. April 1845 wurde der Grundstein für dieses Plagiat gelegt.

Wer war Lenné?

1816 wurde Peter Joseph Lenné, damals erst 26jährig, nach Potsdam berufen. Lenné, ein leidenschaftlicher Gärtner, fühlte sich im Laufe der Zeit immer stärker von der Landschaftsgärtnerei herausgefordert. Er ließ sich sicherlich von englischen Landschaftsgestaltern und von den romantischen Strömungen der Zeit beeinflussen. Behutsam griff er in die Natur ein, erschuf sanfte Bodenerhebungen, arrangierte Baumgruppen, Buschwerk und weite Rasenflächen. Mit Blumen setzte er interessante Akzente. Sein Markenzeichen sind die geschlängelten Wege, die nach jeder Biegung neue Einblicke ermöglichen, immer eine neue Komposition erleben lassen. Er schuf mit seinem Verschönerungsplan von 1842 den Park Sanssouci als einzigartige Kulturlandschaft, die bis heute einmalig und beeindruckend ist, wenngleich viele seiner Pläne nicht verwirklicht werden konnten. Als er 1866 starb, war die Umgestaltung des Parks noch lange nicht abgeschlossen.

Schloß Babelsberg

Nicht nur die Italiener wurden mit Leidenschaft kopiert. Schloß Babelsberg hat englische Vorbilder gehabt, steht aber zugleich für die preußischen Tugenden von Friedrich Wilhelm IV.: humorlos, militaristisch, spartanisch und gewaltig. Zu DDR-Zeiten wurde der Park vernachlässigt, weil er zu nahe an der Grenze nach Westberlin lag. Man sah es nicht gerne, wenn die Potsdamer hier flanierten. Seit der Wende ist nun gerade dieser Park mit seinem Schloß ein beliebtes Ausflugsziel geworden.
Das trutzige Schloß Babelsberg ähnelt einer mittelalterlichen Ritterburg. Es ist typisch für den Zeitgeist: Kleinbürgerlichkeit paart sich mit bombastischem Repräsentationsbedürfnis. 1834 wurde der Bau nach den Entwürfen Schinkels begonnen. Den Park gestaltete zunächst Lennè. Nachdem sich das Herrscherpaar mit dem Gartenarchitekten überworfen hatte, übernahm Fürst Pückler-Muskau die weitere Gestaltung des Parks. Im Gegensatz zu seinem Vorgänger, der bewußt anpflanzte, ließ Pückler-Muskau vieles wild wachsen, um später durch gezieltes Roden die gewünschte Parkwirkung zu erreichen.
Neben dem Schloß gibt es manches Bauwerk in der Parkanlage. Wahrzeigen des Babelsberges ist der Flatowturm, 1853 nach dem Vorbild des Eschenheimer Torturms (Frankfurt) erbaut. Der Turm erfüllt keine ernsthafte Funktion. Er diente, umgeben von einem See mit einer kleinen Zugbrükke, lediglich der Freude der Betrachter.

Filmstadt Babelsberg

1912 begannen in Babelsberg die Dreharbeiten zum ersten Film. Später befand sich hier das größte deutsche Filmstudio. Filme wie „Metropolis", „Der Golem", „Der blaue Engel", „Münchhausen", „Die Geschichte vom kleinen Muck", „Das kalte Herz" und „Solo Sonny" wurden in den Babels-

berger Filmstudios gedreht. Zu DDR-Zeiten sonnte sich die Regierung gerne im weltoffenen Flair des wirtschaftlich und künstlerisch erfolgreichen Glanzprojektes. Nach der Wende gähnt eher die Leere in den Studios. Die Zukunft ist nicht gesichert, die Auftragslage schwierig. Besuchern bietet man die „Babelsberg Studiotour" an. Zu Fuß und per Ausflugsbahn kann man in die Welt des Films eintauchen. Kulissen, Tricks und Action sorgen für einen erlebnisreichen Nachmittag.

Das letzte Hohenzollernschloß: Cecilienhof

Friedrich Wilhelm II., der glücklose Nachfolger Friedrichs des Großen, ließ im Neuen Garten das Marmorpalais erbauen. Es erinnerte ihn an vergangene Tage, als er hier in einem alten Gasthaus ausgiebig zechte und das Leben noch so rund um in Ordnung war. In das Sommerschlößchen zog er sich von seinen Regierungsgeschäften zurück.

Wandelt man durch den von Lenné gestalteten Park, fällt einem vielleicht die Pyramide auf. Auf den Zweck kommt der Betrachter gewiß nicht von selbst. Sie diente als Kühlschrank. Der König ließ hier seine Getränke aufbewahren.

Wichtiger aber ist Schloß Cecilienhof, ein schönes kleines, fast zierlich wirkendes Fachwerkensemble. 1915 wurde es mit viel Aufwand als Wohnstätte für den Kronprinzen erbaut. Der Erste Weltkrieg tobte, das deutsche Volk starb an der Front und hungerte in

Diese Moschee ist kein mohammedanisches Gotteshaus, sondern eine fantasievolle Verkleidung für ein profanes Pumpenhaus.

der Heimat. Der Kaiser ließ sich von seinen Bauplänen keineswegs abbringen. 1917 wurde der Bau bezogen, bereits ein Jahr später floh der Kronprinz, denn der Krieg war verloren.
Ein Ereignis aus dem Jahr 1945 machte den Bau berühmt: Im Cecilienhof fand die Konferenz der Siegermächte des Zweiten Weltkriegs statt. Eigentlich war die Konferenz in Berlin geplant. Da in der Stadt aber kein repräsentativer Bau, der nicht von Bomben zerstört worden war, zur Verfügung stand, wich man nach Potsdam aus. Stalin, Churchill und Truman trafen sich und sprachen über das Schicksal Deutschlands. In diesem Jahr begann die Zeit des Kalten Krieges, Mißtrauen herrschte vor. Nicht Friede wurde geschlossen, sondern nur eine Grenze abgesegnet, die als Eiserner Vorhang bekannt und für die nächsten 45 Jahre unüberwindbar werden sollte. In den Tagen der Konferenz traf Truman auch noch eine andere Entscheidung: Er gab den Befehl für den Abwurf der ersten Atombomben über Hiroshima und Nagasaki.

Last, but not least
Vom Babelsberger Schloß kann man zur Glienicker-Brücke hinübersehen. Wir betreten diese Brücke. Früher war sie schwer bewacht, Grenze zwischen Ost und West. Manchmal öffnete sie sich einen Spalt breit: Spione wurden ausgetauscht. Im Morgennebel schritten zwei einsame Männer aufeinander zu . . .

Die Heilandskirche von Sacrow durfte zu DDR-Zeiten nicht betreten werden. Zu nah lag Westberlin, zu leicht konnte man die Havel überqueren. König Friedrich Wilhelm IV. ließ das zierliche Gotteshaus einst voller romantischer Italiensehnsucht errichten.
In der Karl-Marx-Straße von Babelsberg findet man stolze herrschaftliche Villen, die meisten zwar heruntergekommen, aber sie demonstrieren noch sehr deutlich Reichtum und Bedeutung von Potsdam – einst und bald wieder.
Auf dem Potsdamer Telegrafenberg steht der Einsteintum. Seine eigenwillige Architektur ist dem Expressionismus zuzuordnen. Dabei handelt es sich nicht, wie man vermuten könnte, um eine ästhetische Spielerei, sondern um einen nüchternen Zweckbau. In dem Turm befindet sich ein Turmteleskop

Das Glockenspiel steht als Mahnmal an Stelle der einstigen Garnisonskirche. Jede halbe Stunde ertönt: „Üb immer Treu und Redlichkeit".

von 14 Metern Brennweite, mit dem ein von Einstein beschriebener Effekt an der Sonne empirisch überprüft werden sollte. Es handelte sich dabei um einen Teil seiner Allgemeinen Relativitätstheorie: Eine winzige Rotverschiebung der in der Sonnenatmosphäre entstehenden Spektrallinien sollte nachgewiesen werden. Der Beweis gelang nicht zweifelsfrei. Der Bau bleibt trotzdem sehenswert.

Mit der Weißen Flotte

Eine Rundfahrt auf dem Wannsee, eine romantische Schloßrundfahrt, Fährverkehr von der Glienicker Brücke nach Sacrow, Mondscheinfahrt mit Tanz, die Weiße Flotte von Potsdam macht alles möglich. Im Sommer sind die weißen Schiffe eine gute Alternative oder eine Ergänzung zur Stadtbesichtigung. Da staunt man über den Reichtum an Seen, da erfreut man sich der Parks und Schlösser bequem vom Wasser aus.
Die Anlegestelle ist bei der Langen Brücke (hinter dem Hotel Mercure). Auskunft erteilt auch die Stadtinformation am Alten Markt.

Von Potsdam nach Brandenburg

Kein Geringerer als Theodor Fontane nannte Caputh das Chicago des Schwielowsees. Dahinter vermutet man zunächst nichts Schmeichelhaftes, doch Fontane beschrieb damit in erster Linie die günstige Lage am Schwielowsee, so wie eben Chicago am Michigan See liegt. Caputh profitierte eindeutig von der verkehrsgünstigen Lage zu Potsdam. *„Caputh ist eines der größten Dörfer der Mark, eines der längsten gewiß; es mißt wohl eine halbe Meile. Daß es wendisch war, besagt der Name ...“* , beschreibt Fontane den Ort.

Einige Bedeutung haben zwei sehr unterschiedliche Bauten in Caputh: Zum einen das einfache Schloß, einer der ältesten Frühbarockbauten in der Mark Brandenburg (1600), zum anderen das schlichte Einstein-Haus, Sommersitz des großen Mathematikers. Das Schloß, einst Sommersitz der Kurfürstin Dorothea, zieht heute Kachel-Liebhaber an. Im Keller sind über 7000 blau-weiße Fayence-Kacheln aus Holland ausgestellt.
Am Schielowsee kann es im Sommer recht laut werden. Die Berliner haben ihn als Ausflugsort entdeckt.
Jens Gerlach drückt dies in seinem Gedicht „Der See“ so aus:
lärmend plätschern die Berliner
zwischen schwielow und templiner
vor den häusern von caputh
segeljollen angelkähne
lietzen reiher möven schwäne
alles soweit schön und gut ...

Der Blick über den Fluß auf die Altstadt der „Obststadt“ Werder ist wunderbar. Im Mittelpunkt steht die Kirche „Zum heiligen Geist“. Ihr fünfspitziger Turm ist weithin sichtbar. Romantische Gassen durchziehen die Altstadt. Am Marktplatz stehen Häuser mit Barockfassaden, die Weintrauben aus Stuck schmücken. Sie haben durchaus einen Bezug zur Gegenwart ...
Einmal im Jahr, im Frühling, geht es in Werder lebhaft zu. Wenn die Bäume blühen, feiert Werder das Baumblütenfest. Die Besucher aus Berlin, Potsdam und Brandenburg freuen sich an der Blütenpracht und noch viel mehr am Werderaner Obstwein, der zu diesem Fest (in Strömen) ausgeschenkt wird. Das süffige Getränk steigt leicht zu Kopf und führt unweigerlich zu einem grandiosen Brummschädel.

Im kultivierten Mittelalter begannen Lehniner Mönche den Weinanbau in Werder. Der Werderaner Wein wurde bis weit über die brandenburgischen Landesgrenzen hinaus berühmt. Dann aber suchten Rebläuse die Weinstöcke heim. Die Weinbauern scheuten das Risiko, erneut Rebstöcke zu pflanzen und bauten von nun an Pflaumen, Kirschen, Äpfel, Birnen, Beerenobst an. Was im Herbst an Obst übrig blieb, wurde nach alter Weinbauernsitte zu Wein vergoren. Das Getränk kam an. Immer mehr Schankwirtschaften öffneten, die schließlich um die Jahrhundertwende in große Vergnügungslokale umgebaut wurden. Wohl bekomm's.

Nicht weit entfernt liegt Brandenburg, der Ausgangspunkt unserer Reise durch Mecklenburg-Vorpommern und das nördliche Brandenburg.

AUSKUNFT
Potsdam-Information, Touristenzentrale am Alten Markt, Friedrich-Ebert-Str. 5, 14467 Potsdam; Tel.: 0331/21100, Fax: 0331/23012.

ÜBERNACHTEN
Am Templiner See im Süden von Potsdam befinden sich einige Campingplätze. Empfohlen werden kann der Campingplatz „Himmelreich“ in Caputh, auf einer Halbinsel zwischen Templiner und Petzin See gelegen. Man erreicht ihn entlang der Uferstraße. Dabei muß man von Caputh nach Wentorf mit einer Fähre über die Havel setzen. Man kann auch auf der B 1 nach Süden fahren und bei Geltow nach Caputh abbiegen (6 km von Potsdam entfernt).

PARKEN
In Potsdam gibt es genügend Parkmöglichkeiten. Für die Besichtigung der Innenstadt stellt man das Wohnmobil am besten auf dem Großparkplatz „Brandenburger Tor“ ab. Von hier aus kann man die ganze Innenstadt und auch Schloß und Park Sanssouci zu Fuß erreichen. Oberhalb der Parkanlage befinden sich noch weitere Großparkplätze. Auch alle anderen Schlösser haben ausreichend Parkplätze.

HIGHLIGHTS
Babelsberg
* Schloß Babelsberg mit Parkanlage (Öffnungszeiten: Di-So 9–17 Uhr)
* Filmstadt Babelsberg (Eingang Großbeerenstraße; Öffnungszeiten: tägl. 9–17 Uhr)

Potsdam
* Alter Markt mit Nikolaikirche, Altem Rathaus, Knobelsdorff-Haus und Hans-Otto-Theater
* Bassinplatz mit der St.-Peter-und-Paul-Kirche und der Französischen Kirche
* Breite Straße mit Marstall, Hiller-Brandtschen Häusern und Moschee (Öffnungszeiten: Mi-So 9–12 und 12.30–17 Uhr)
* Cecilienhof
* Jagdschloß Stern (Kohlhasenbrücker Straße; Öffnungszeiten: Sa und So 10–17 Uhr)

Schloß und Park Sanssouci
* Schloß Sanssouci (Öffnungszeiten: tägl. 9–12.30 und 13–17 Uhr; Besichtigung nur mit Führung möglich)
* Bildergalerie (Öffnungszeiten: tägl. 9–12 und 12.45–17 Uhr)
* Chinesisches Teehaus (Öffnungszeiten: tägl. 9–12 und 12.45–17 Uhr)
* Damenflügel (Öffnungszeiten: tägl. 9–11.45 und 12.30–17 Uhr)
* Neue Kammern (Öffnungszeiten: tägl. 9–12 und 12.30–17 Uhr)
* Neues Palais (Öffnungszeiten: tägl. 9–17 Uhr)
* Orangerie (Öffnungszeiten: tägl. 9–12 und 13–17 Uhr)
* Römische Bäder (Öffnungszeiten: tägl. 9–12 und 12.30–17 Uhr)
* Schloß Charlottenhof (Öffnungszeiten: tägl. 9–12.30 und 13–17 Uhr)

nuität. Beim alten gemütlichen Trabi konnte man mit dem Bleifuß auf das Gaspedal treten, ohne daß der Trabi Sprünge machte; da mußte man auch fast die Karosserie durchtreten, wenn man abbremsen wollte. Es krachte zuweilen recht bedenklich, wenn man einen anderen Gang einlegte, da zitterte der ganze Trabi in seinen Grundfesten, wenn man die 70 Stundenkilometer überschritt und man konnte jeden Kilometer mehr am eigenen Leib spüren. Diese direkte Verbindung ist heute nicht mehr gegeben. Bei den meisten Autos gibt es keinen „spürbaren" Unterschied zwischen 70 und 120 Stundenkilometern. So fahren manche Ossis zu schnell, viele zu langsam, eher wenige angemessen. Ihr Fahrverhalten behindert und verhindert einen zügigen Verkehrsfluß. Daran muß man sich erst gewöhnen. Nach der Wende sind die Unfallzahlen aus den genannten Gründen drastisch gestiegen. Mittlerweile haben sich die Fahrer von leistungsstarken Autos an ihre PS gewöhnt – die Unfallzahlen sind rückläufig.

Bei Alleen sollte man schon etwas Vorsicht walten lassen.

Parkplätze

In vielen westdeutschen Städten leiden Fahrer von Campmobilen unter akuten Parkplatzproblemen. Die Parkflächen reichen nie aus und in die Parkhäuser paßt der Camper nicht hinein. In Ostdeutschland sind die Probleme noch nicht so ausgeprägt. Es gibt in fast allen Städten selbst im Innenstadtbereich ausreichend freie Plätze, auf denen man großzügig parken kann – leider, möchte man hinzufügen, denn diese Parkplätze sind Wunden, die noch vom Zweiten Weltkrieg herrühren. Einige Städte haben den Innenstadtbereich mittlerweile für den Autoverkehr gesperrt; andere Städte folgen diesem Beispiel. Auch dann ergibt sich kein größeres Parkplatzproblem. In unmittelbarer Nähe zur Innenstadt sind größere Parkflächen ausgewiesen, von denen man die Altstadt ohne weiteres erlaufen kann. Die Parkplätze sind gebührenpflichtig; an Parkgeldautomaten hat man seinen Obolus zu entrichten. Auf manchen Parkplätzen kann man auch übernachten. Die Nachttarife sind angeschrieben.

Die Anfahrt zu Burgen und Aussichtspunkten war früher bis zum Burgeingang möglich. Der neue Touristenstrom hat dazu geführt, daß man die Straßen sperrte. Vor den Burgen gab es eben nur Platz, um die Pferde der Ritter anzubinden, nicht um die Autos von Touristen zu parken. In der Vorsaison werden diese Verbotsschilder häufig ignoriert und es stehen dennoch Autos auf dem Burgparkplatz. In der Hochsaison sollte man den Anfahrtversuch lieber unterlassen und auf Fahrrad oder Schusters Rappen umsteigen.

Menschenmengen

Der Massentourismus hat natürlich auch seine negativen Seiten. Die wichtigsten Sehenswürdigkeiten sind dem Ansturm der Besucher nicht gewachsen. Das gilt für Rügen und für das Elbsandsteingebirge in besonderem Maße. Darauf sollte man sich einstellen. Auch hier empfiehlt es sich, den Camper stehen zu lassen und auf die Fahrräder umzusteigen oder zu wandern. Kein Problem: Ein paar Schritte abseits und man kann das Land ganz ungestört genießen. Wenn man sich seinen Urlaub aussuchen kann, sollte man nicht unbedingt die Ferienzeit des besuchten Bundeslandes wählen. In der Hochsaison sind die Campingplätze voll und man sieht auf den Seen mehr Kahnfahrer als Enten.

Übernachtung

Es ist mittlerweile bekannt, daß das Preis-/Leistungsverhältnis von Hotels, Pensionen, ja selbst von Privatunterkünften nicht angemessen ist. Die Preise haben Westniveau, der angebotene Komfort ist normalerweise weit davon entfernt. Damit wird der Camper zum idealen Urlaubsgefährt in Ostdeutschland. Man kann für seine Bedürfnisse selber sorgen und gleichzeitig das Land erleben.

Die Aussage über das Preis-/Leistungsverhältnis trifft auch auf manche Campingplätze zu, die man aber (meistens) meiden kann. Die Campinggebühren sind im Verhältnis immer noch billig. In der Hochsaison sind viele Campingplätze an den Seen und in den Ferienorten überfüllt. Man sollte daher rechtzeitig einen Platz aufsuchen. Viele Ostdeutsche campen leidenschaftlich gerne und verbringen ihre Ferien auf einem der Campingplätze. Sucht man abseits der Feriengebiete einen Campingplatz, sucht man häufig vergeblich. Selbst viele zweifelsohne sehenswerte historische Städte haben keinen Campingplatz. Eine Stadt aus kulturellen Gründen zu besuchen, war in der DDR nicht üblich. Es wird wohl noch einige Jahre dauern, bis dieser Nachholbedarf gedeckt ist.

Die Ausstattung der Campingplätze läßt zu wünschen übrig. So kann man auch nicht davon ausgehen, daß es überall eine Entsorgungsmöglichkeit für Chemikaltoilette gibt. Fragt man danach, werden teilweise recht absonderliche Entsorgungstonnen gezeigt. Die Hygiene läßt zu wünschen übrig, die Duschgelegenheiten sind vielfach veraltet. Auch läßt der Service sehr zu wünschen übrig oder ist manchmal schlicht überhaupt nicht vorhanden. Die Versorgung mit Lebensmitteln ist nicht sichergestellt. Da muß sich schon jeder selbst im nächsten Supermarkt eindecken. Manche Campingplatzbenutzung stellt einen bürokratischen Akt dar, bei dem man verschiedenste Formulare ausfüllen muß.

Aus all diesen Gründen werden von uns bis auf wenige Ausnahmen auch keine Campingplätze empfohlen (sondern nur genannt). Wir haben jedoch Alternativen für „wilde“ Übernachtungsmöglichkeiten notiert. Vielfach gibt es bei Ferienorten Camperstellplätze. Das sind meistens einfache Wiesen mit Be- und Entsorgungseinrichtung und einem Toiletten- und Duschcontainer. Wir hoffen, daß diese Einrichtungen bald im ganzen Reisegebiet vorhanden sein werden.

*Warnemünde:
Der Leuchtturm
und das Strandgras
trotzen dem Wind.*

Telefonieren
Es stehen zwar überall gelbe Telefonhäuschen. Doch die Telefongeräte sind defekt. Ein lapidarer Zettel weist darauf hin: Wegen wiederholtem Vandalismus repariert die Post das Telefon nicht mehr. Damit wird Telefonieren zu einem Glücksspiel. Wer professionell telefonieren muß, hat vorgesorgt. In Ostdeutschland sind viele Autos mit Telefon ausgerüstet.

Einkaufen
Das Angebot der Supermärkte ist dem in Westdeutschland durchaus vergleichbar - auch das Preisniveau. Zuerst, kurz nach der Wende, gab es sogar regionalen Wein in den Supermärkten zu kaufen. Da er aber recht teuer war, blieb er in den Regalen stehen und verschwand aus dem Sortiment. Rheinhessen kann man kaufen, sucht man Saale-Unstrut, muß man schon im Weingut nachfragen.

Gastronomie
Man muß auf jeden Fall ein Wort zu den lukullischen Genüssen sagen. Die Küche Ostdeutschlands ist überwiegend deftig. Nun kann deftige Küche durchaus schmackhaft sein. Wir haben viele Restaurants ausprobiert, haben uns dabei auch von Restaurantführern leiten lassen. Das Resultat waren viele Enttäuschungen und nur einige positive Überraschungen. Da gab es „empfohlene“ Restaurants mit aufwendig renovierter Außenfassade, deren Speisen in ihrer Qualität besser nicht beschrieben werden. Da haben wir aber auch kleine Dorfgaststätten entdeckt, die uns rundum positiv überrascht haben.
Wir haben bewußt darauf verzichtet, Empfehlungen zu geben. Zu verbreitet sind Einheitsküche und lieblose Zubereitung - auch von eigentlich interessanten Gerichten. Am besten, man setzt sich bewußt dem Zufall aus. Das beste Kriterium ist vielleicht noch der Service. Wird man schnell bedient, kümmert sich der Wirt persönlich um den Gast, ist in vielen Fällen auch die Küche zufriedenstellend. Wirkt die Bedienung bereits langweilig, kann man auch davon ausgehen, daß man beim Essen Magenkrämpfe bekommt. Aus kulinarischer Sicht kann es in Ostdeutschland richtig spannend werden. Und im Notfall kann man sich in der Camperküche immer noch ein Steak in die Pfanne legen.

Aktualität
Vieles in Mecklenburg-Vorpommern und Brandenburg ist nach wie vor im Wandel, besonders der Bereich Tourismus befindet sich noch im Aufbruch. Deshalb ist es möglich, daß sich die Öffnungszeiten von Museen oder auch Adressen einzelner Fremdenverkehrsämter schon in Kürze wieder ändern. Es empfiehlt sich daher, rechtzeitig noch einmal bei den regionalen Fremdenverkehrsämtern nachzufragen.

Register

Das Rathaus in Rostock

DRIVE & CAMP TRÄUME

Werner u. Susanne Schwanfelder
Mit dem Wohnmobil durch Ostdeutschland
Sachsen und das südliche Brandenburg
ISBN 3-7956-0230-0

Werner u. Susanne Schwanfelder
Mit dem Wohnmobil durch Ostdeutschland
Thüringen und Sachsen-Anhalt
ISBN 3-7956-0231-9

FLY & CAMP TRÄUME

Werner K. Lahmann
Mit dem Wohnmobil von Boston nach Florida
ISBN 3-7956-0210-6

Werner K. Lahmann
Mit dem Wohnmobil durch Neuseeland
ISBN 3-7956-0213-0

Werner u. Susanne Schwanfelder
Mit dem Wohnmobil durch Australien
ISBN 3-7956-0220-3

Hans-Burkhard Garbe
Mit dem Wohnmobil durch den Westen Kanadas
ISBN 3-7956-0221-1

Werner K. Lahmann
Mit dem Wohnmobil durch Florida
ISBN 3-7956-0226-2

Werner K. Lahmann
Mit dem Wohnmobil durch den Südwesten der USA
ISBN 3-7956-0227-0

Werner K. Lahmann
Mit dem Wohnmobil durch den amerikanischen Westen
ISBN 3-7956-0203-3

Jeder Band DM 39,80, öS 310,–, sFr. 39,80

Drei Brunnen Verlag · Stuttgart

Die schönsten Camping-Ferienplätze in Europa

Gesamtauflage über 2 Millionen!

Schnell, übersichtlich und ausführlich zeigt der ECC-Führer jedem Camper seinen idealen Urlaubsplatz!

ECC – Der internationale EUROPA-CAMPING- und CARAVAN-Führer – clubunabhängig – mit den rund 5500 besten Camps in Europa, dem Nahen Osten und Nordafrika – auf dem neuesten Stand mit vielen neuen Ausstattungs- und Bewertungssymbolen – spezielle Teile für Motorcaravaner, Behinderte und FKK'ler – mit vollen Anschriften und zuverlässigem Kartenmaterial.

Gesamtumfang 960 Seiten, zum Großteil vierfarbig!

Für nur DM 29,80 erfährt der Camper alles, was er über diese Plätze wissen will:

z. B. Ausstattung, Komfort, hygienische Einrichtungen, Sport- und Freizeitmöglichkeiten usw.

Verlagsauslieferung:

Geo Center Verlags-Vertriebs GmbH
81673 München, Neumarkter Straße 18
Telefon 089/3189-0

Drei Brunnen Verlag GmbH & Co

Telefon 0711/2576010
Telefax 0711/2576217
70010 Stuttgart, Postfach 101154